CS 관리실무

| 박연희 심윤정 임성은 박희정 공저 |

양 성 원

머리말

고객만족(Customer Satisfaction: CS)과 관련한 다양하고도 많은 서적들이 준비되어 있음에도, 실무에 적용하려면 너무도 현장과 거리가 있다고 실무자들은 호소하고 있습니다. 본 책은 고객만족경영실무의 전문가들로서 책임감으로 요구를 담아 본서는 준비되었습니다. 고객만족과 관련한 큰 흐름들의 주제와 함께 그 방법에 대한 현장의 요구를 담았습니다. 고객만족은 직원들의 친절서비스만으로 이루어지는 것이 아니라, 경영자와 일선현장의 직원에 이르기까지 한마음의 서비스 인식이 중요합니다. 이에 고객만족은 결국 체계적인 서비스표준화와 차별화 전략, 그에 따른 교육과 운영의 체계가 확고히 할 때 이루어집니다.

본 책은 고객만족경영의 체계화를 위해 집을 짓듯이 구성되어 있습니다. 이 책은 서비스전문가의 입문을 위해 총 4부로 구성되어 있습니다. 1부에서는 고객만족개론으로 고품질서비스의 이론적 배경을 담고 있습니다. 2부에서는 고객만족전략으로 서비스 수행에 있어서 중요한 전략과 사례분석을 집중으로 담았습니다. 3부는 고객만족실무로서 현장서비스를 위한 태도와 행동 그리고 커뮤니케이션 방법에 대해 언급하였습니다. 하지만 사회과학 분야의 한계를 벗어나지 못함을 양해바랍니다. 많은 연구자들의 논문과 글을 인용하였으며, 이 책의 특성상 현장의 소리를 담기 위해 인터넷과 신문에 기고된 서비스 경험들을 인용하여 각색하였습니다. 이에 여러 선배 제헌들의 노고에 누를 끼치지 않을지 염려가 되는 바입니다.

고객만족경영의 하나에서 열을 담기 위해 이론적 배경과 서비스실천에 수많은 고민을 한곳에 모아 놓고, 그 흔적을 남기는 데 그 의의를 둡니다. 이 책의 주된 대상은 서비스업체 직원들과 경영자, 관광 · 의료서비스의 경영관련학과이며, 서비스에 관심을 가지는 학습자를 위해 준비되었습니다. 더불어 서비스현장의 입문을 준비하는 취업준비생과 예비창업자를 위해 방법을 구체적으로 제시하고 있습니다. 고객만족경영을 향해 서비스표준화에서 차별화를 향한 집짓기가 잘 완성되고 적용되기를 바랍니다.

마지막으로, 본 책이 나오기까지 열정적으로 지원해주신 도서출판 양성원 사장님과 편집부 직원들에게 감사드립니다.

2017년 2월

저자 일동

차례

PART 01 고객만족개론

PART
02 고객만족전략

PART 03 고객만족실무

PART 01

고객만족개론

Chapter 01

고객만족관리의 이해

학습목표

1. CS관리의 개념과 역사에 대하여 학습한다.
2. CS관리의 프로세스 구조에 대하여 학습한다.
3. 고객만족 개념과 경영에 대하여 학습한다.
4. 고객만족경영에 대하여 학습한다.

알아봅시다

❶ 나는 고객만족 정의에 대하여 알고 있다. ☐ Yes ☐ No

❷ 고객만족경영은 기업의 관점에서 고객을 생각하는 것이다. ☐ Yes ☐ No

❸ 고객만족경영의 3C는 제품, 서비스, 고객이미지이다. ☐ Yes ☐ No

❹ 서비스프로세스에 나타나는 시계모양의 도표를 M.O.T라고 한다. ☐ Yes ☐ No

❺ 고객만족 경영기법은 한국에 1970년대에 도입되었다. ☐ Yes ☐ No

1. 고객만족경영의 변화

1) 고객만족(CS)관리의 개념

고객만족은 'Customer Satisfaction'의 약자로 고객에게 단순히 제품의 가치나 효용을 제공하는 것이 아닌, 그 이상의 만족을 함께 주는 것을 의미한다. 이러한 고객만족은 소비자 행동연구의 확대와 함께 그 의미가 전파되기 시작하였는데, 1960년대 여성운동의 일부 활동으로 소비자 보호활동을 전개하였고, 한국의 경우 1970년대 들어 소비자 행동이론이 소개되기 시작하면서, 1990년에 집중적으로 연구되었다. 소비자의 행동은 고객만족을 이해하고 실행하는 데 반드시 연구해야할 부분이다.

예로, TV 같은 전자제품이나, 여성들의 필수품인 화장품, 그리고 자동차 등 고객들이 필요로 하는 본질적인 이유에 대해 생각하여 보자.

우리는 TV로부터 정보를 얻고, 화장품을 통해 아름답고자 하는 욕구를 충족시키고, 기동성을 위해 자동차를 구매하는 것처럼 각 제품들의 기능은 '고객들이 갖고 있는 니즈에 대한 해결수단'으로 정리할 수 있다. 그러나 그 과정에서 고객들은 제품을 구매한 기업에 대한 이미지와 상품에 대한 신뢰성, 그리고 이를 전달하는 인적서비스에 대한 지각적, 감정적 평가를 하게 된다.

따라서, 고객만족은 기업에서 생산하는 제품의 질과 그것을 제공하는 다각도의 서비스 품질과 관련이 있으며, 무엇보다 고객들이 원하는 사항을 재빨리 파악하여 적재적소에 맞는 서비스가 제공되었을 때 우리는 이것을 고객만족이라 부를 수 있다. 즉, 고객이 제품과 서비스에 대해 원하는 것 이상의 충족감과 감동을 느꼈을 때 고객은 다시 그 기업의 서비스를 이용하고자 재방문을 할 것이고, 결국 해당 고객들의 선호도가 지속적으로 연결될 것이다. 그리고 이러한 기대치는 고객들이 해당 기업에 대한 서비스 제공능력을 예측하는 기준이 된다.

고객만족에 대한 다양한 정의를 학자별로 살펴보면 다음 〈표 1-1〉과 같다.

표 1-1 고객만족 정의

학 자	정 의
밀러 (Miller, 1977)	소비자만족 혹은 불만족은 제품에 대한 기대 수준과 지각된 성과 수준과의 상호 작용으로부터 생김
올리버 (Oliver, 1997)	만족은 소비자의 성취반응 제품이나 서비스의 특성과 그 자체가 제공하는 소비자의 욕구충족 이행수준에 관한 소비자의 판단으로 정의
굿맨 (Goodman, 1999)	고객의 욕구와 기대에 부응하여 그 결과로서 상품, 서비스의 재구입이 이루어지고 아울러 고객의 신뢰감이 연속되는 상태라고 정의
코틀러 (Kotler, 2000)	사람들의 기대치와 그 제품에 대해 자각하고 있는 성능과 비교해 나타나는 즐거움이나 실망감으로 정의
이유재(2013)	소비경험으로부터 얻어진 결과물 또는 소비경험에 대한 평가의 과정으로 정의할 수 있으며, 고객만족을 결과 및 과정 중심적 정의 이외에도 인지나 감정적 측면에서 정의하기도 함

하지만 고객이 서비스를 제공하는 과정과 결과를 두고, 어디에 더 가중치를 부여하는지 따라 고객만족의 정의는 그 의미와 범위가 달라질 수밖에 없다.

일반적으로 서비스를 제공받는 고객들은 결과보다 그 과정에서 더 많은 영향을 받게 되며, 이는 결국 기업의 수익창출과 충성고객 유지 및 생성에 크나큰 영향을 끼치게 된다.

우리가 여기서 잊지 말아야 할 것은, 고객만족이 외부고객 즉 최종 소비자들의 평가에 의해 정의되지만, 외부고객의 만족 이전에 내부 구성원들의 만족 역시 매우 중요한 부분임을 잊어서는 안 된다. 서비스는 생산과 소비가 동시에 발생되는 비분리성을 갖고 있기 때문에, 내부 구성원들의 접점 서비스품질이 기업의 서비스품질로 이어짐으로써 내·외부고객 간의 상호작용에 중요한 역할을 하게 된다.

이를 종합하여 보면, 고객만족은 '고객니즈에 대응하는 일련의 기업 활동에 대한 결과로써, 상품 및 서비스의 재구매가 이루어지고 또한 고객의 신뢰가 연속되는 상태'를 의미한다고 정의할 수 있다.

2) 고객만족(CS)관리의 역사

그림 1-1 고객만족(CS)관리의 역사

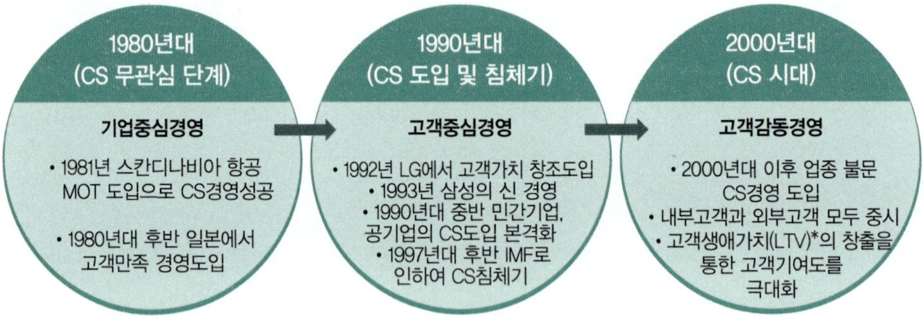

*고객생애가치(Life Time Value: LTV):
한 고객이 한 기업의 고객으로 존재하는 전체기간 동안 기업에게 제공할 것으로 추정되는 재무적 공헌도의 합계.

1972년, 미국 농산부에서 농산품에 대한 소비자만족지수(Index of Consumer Satisfation)를 기초로 한 '굿맨(Goodman)이론'에서 고객들의 불만요소를 정략적으로 지수화하여 발표한 이후 시작되었다. 1980년대에는 올리버(Oliver)가 '기대-불일치 이론'을 발표하였는데, 이는 현재 CS 개념의 이론적 근거가 되었다. Oliver(1981)에 따르면, 성과가 기대보다 높아 긍정적 불일치가 생기면 만족이 발생하고, 반대로 성과가 기대보다 낮으면 부정적 불일치가 발생하여 불만족을 가져온다고 하였다.

예로, 우리가 백화점에서 옷을 구매했다고 가정하여 보자.

단순변심으로 옷을 환불하고자 하였으나, 교환 · 환불기간이 만료되어 환불에 대한 기대가 낮은 상태로 백화점을 방문을 하게 되었다. 환불과정에서 직원의 태도는 옷을 구매할 당시와 동일하게 일관된 친절한 모습으로 고객응대에 임했고, 흔쾌히 환불이라는 결론을 얻게 된다. 이때 우리는 기대를 하지 않은 상태였지만 원하는 결과를 얻게 되었을 때 긍정적 불일치를 경험하게 되고, 즉 만족의 결론을 얻게 된다. 이렇듯 기대-불일치이론에서는 기대와 불일치가 모든 만족에 결정적인 영향을 미치지만, 기대와 불일치는 서로 독립적인 관계로 결국 기대는 최종만족을 판단하기 위한 계기를 제공하는 역할을 한다고 할 수 있다.

그림 1-2 기대-성과 불일치이론

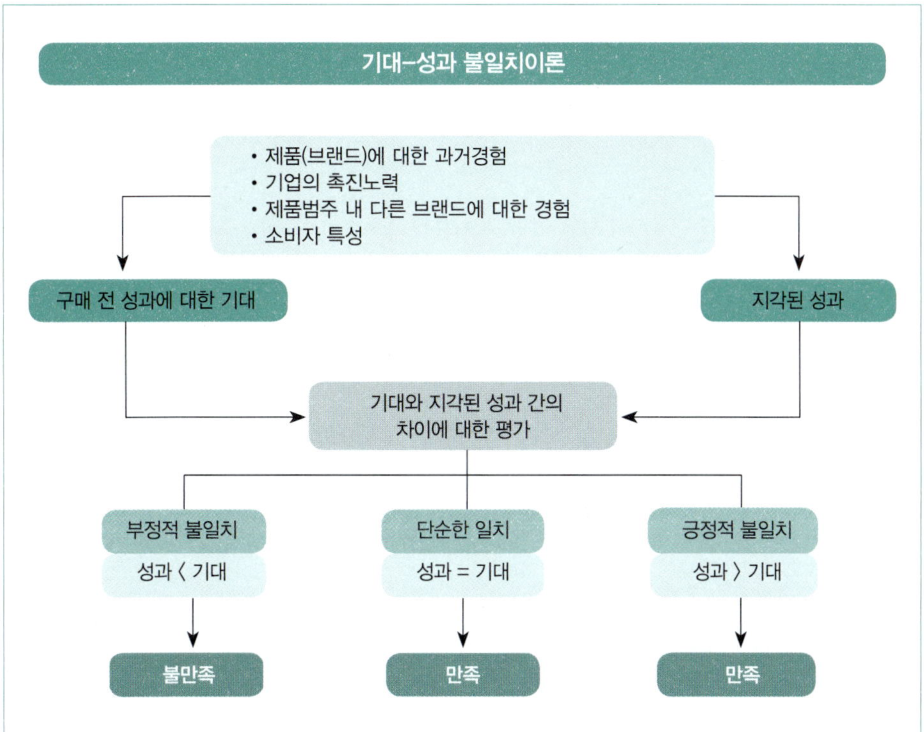

출처: Oliver(1981)의 기대-성과 불일치이론(FPD: Expectancy-Performance Disconfirmation).

1981년에는 스칸디나비아 항공(SAS) 사장인 얀 칼슨이 진실의 순간(MOT)을 도입하여, 유럽지역뿐만 아니라 미국, 일본을 비롯한 전 세계에 확산되었다.

한국에서는 1992년도에 LG에서 '고객가치창조'를 도입을 시작으로, 그 이후 1990년대 중반 삼성의 '신 경영' 및 민간기업과 공기업(철도, KT 등)에서 CS를 도입하기 시작하였다. 2000년도 들어서는 업종을 불문하고 모든 기업에서 CS경영을 도입하였고, 외부고객만큼이나 내부고객 역시 중요하며, 내부고객 만족이 외부고객 만족으로 이어질 수 있다는 패러다임을 가져왔다.

사례연구

굿맨(John A. Goodman)의 법칙

TARP의 회장이었던 GOODMAM에 의해 발표된 내용으로, '고객만족에 관한 법칙'이라고 일컬어지는 법칙으로 기업들에게 고객만족의 중요성과 더불어 구체적으로 기업이익에 어떠한 작용을 하는지가 명확히 되었기에 매우 의미 있는 자료로 평가받는다. 많은 기업들이 이 법칙을 토대로 고객만족에 관한 경영혁신을 대대적으로 전개했다는 점에서 고객만족경영의 새로운 장을 열었던 개념이다.

1. 제 1의 법칙(불만족한 고객)

불만을 느끼는 고객 중 고충을 제기하고 그 해결에 만족한 고객의 당해 상품이다. 서비스의 재구입 결정률은 불만이 있으면서 고충을 제기하지 않은 고객의 그것에 비해 매우 높다.

2. 제 2의 법칙(구전의 효과)

고충처리에 불만을 품은 고객의 비호의적인 소문의 영향은 만족한 고객의 호의적인 소문의 영향에 비해 두 배나 강하게 판매를 방해한다.

3. 제 3의 법칙(고객의 모방심리)

소비자 교육을 받은 고객은 기업에 대한 신뢰가 높아 호의적인 소문의 파급 효과가 기대될 뿐 아니라, 상품의 구입 의도가 높아져 시장 확대에 공헌한다.

실제로 TARP사의 조사에 따르면, 100달러 이상의 상품에 대해 불만이 있으면서 고충을 제기하지 않았던 고객이 같은 회사의 상품을 다시 구입할 확률은 9%에 불과하다고 한다.

이에 비해 고충을 제기한 고객 가운데 문제가 해결된 경우의 재구입률은 70%, 신속히 해결된 경우는 82%를 웃돈다는 결과를 나타내고 있다.

**미국 TARP는 정부 자문기관으로 시작하여 여러 고객만족에 대한 유의미한 연구자료를 발표한 연구기관

출처: Goodman, J. (1999). Basic facts on customer complaint behavior and the impact of service on the bottom line. *Competitive Advantage, 9*(1), 1–5.

3) 고객만족(CS)관리의 프로세스 구조

(1) 서비스 프로세스 개념

서비스는 일종의 과정이나 활동이라 정의할 수 있는데, 예로 고객이 서비스를 제공받을 때의 제품과 감정, 그리고 목적 등과 같은 형태로 해석할 수 있다. 그러나 서비스 프로세스는 "여러 활동 과정이 순서대로 짜인 묶음"을 말하며(R, Johnston et al., 2015), 기업이 제품을 생산하는 전 과정, 즉 기업 내의 원재료, 정보, 사람 등과 같은 Input을 제품과 서비스 등의 Output으로 변화시키는 작업이나 활동들의 집합을 의미한다. 예를 들면, 신제품 개발, 주문처리, 자원, 배분, 의사결정 등 고객과의 접점의 순간순간이 모두 해당된다.

조직 내 부서들이 공유하고 있는 모든 자원과 역량들은 프로세스에 의해 서로 유기적으로 연결되어 있으며, 고객만족을 위한 제품과 서비스 또한 프로세스를 통해 제공된다. 따라서 서비스 프로세스를 설계할 때에는 서비스 특성인 무형성을 고려하여, 구체적인 물적 증거 제시 및 사실적 근거에 기초하여 구조화된 절차에 따라야 하고, 직원들의 서비스 프로세스 참여가 결국 서비스 품질을 향상시키고 소비자에게 기업의 긍정적 이미지를 각인시킬 수 있다. 무엇보다 서비스 프로세스는 시스템적으로 불만원인을 분석하고 대응하기 위해 필요하다.

(2) 서비스 프로세스 구조

① 서비스 프로세스 구조

프로세스는 업무흐름을 파악하는 것 이외에, 업무를 진행하는 데 소요되는 투입대상이 사람(People)인지 물건(Objet)인지 Input을 정확하게 파악해야 한다. 이와 같은 프로세스 설계 시 고객의 시각에서 맞춰 계획되어야 하며, 실제적인 업무성과를 중시해야 함과 동시에 성과와 효율성을 제고할 수 있는 자율적인 성격을 지니고 있어야 한다.

그림 1-3 서비스 프로세스 흐름

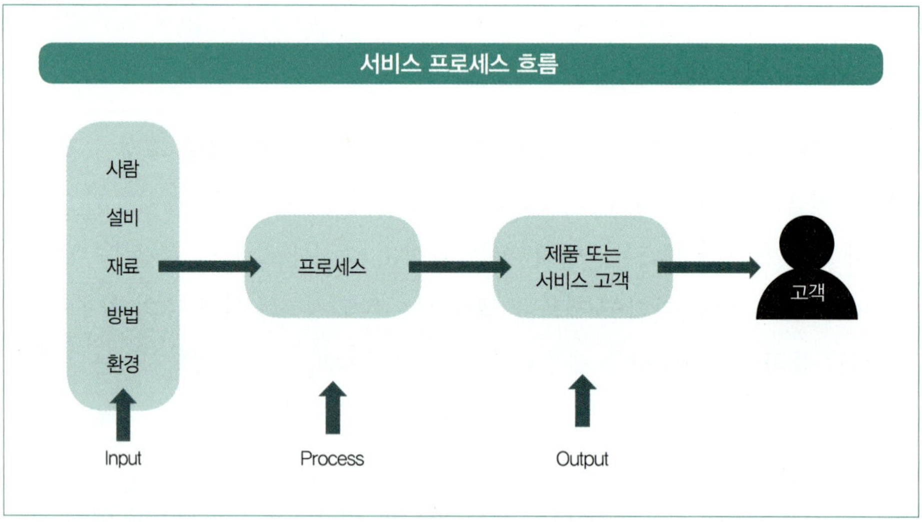

이와 같은 업무과정에서 고객의 요구와 기대사항을 만족시키지 못하였을 때 불만고객이 발생하게 되는데, 구체적인 요인으로 잘못된 입력(Wrong Input), 잘못된 처리(Wrong Process), 잘못된 명령(Wrong Instruction), 부정확한 실행(Incorrect Execution), 각 직원들의 실수(Missed Step) 등이 있다. 불만고객의 효과적인 관리는 사전에 불만요인을 발견하여 제거하는 것이다. 이를 위해서는 시스템적으로 불만원인을 분석하고 대응방안을 수립하여야 하며, 정기적인 모니터링을 통해 고객 불만관리 체계를 구축해야 한다. 고객의 불만을 어떻게 관리하고 대응하느냐에 따라 불만고객은 충성고객이 될 수도, 다시는 돌아오지 않을 고객이 될 수 있다는 것을 명심해야 한다.

② 서비스 프로세스 설계의 기본 원칙

㉠ 평가는 고객이 한다.

㉡ 고객은 기대 대비 성과를 평가한다.

㉢ 평가는 절대적이 아니라 상대적이다.

㉣ 개별니즈에 적응하는 효율적인 방법은 일선 직원이나 지원시스템이다.

㉤ 고객의 기대를 관리하는 것이 중요하다.

ⓑ 고객 개별니즈에 적응해야 한다.

ⓢ 모든 의사결정 시 고객을 고려해야 한다.

4) MOT 사이클 차트

서비스 프로세스 설계가 되면 '구매 전 과정(대기관리) – 구매과정(서비스 접점관리) – 구매 후 과정'으로 나뉘어진다.

(1) 구매 전 과정 – 대기관리(Before Service)

서비스 특성상 수요를 예측하기 힘들고 서비스를 제공할 수 있는 능력이 고정적이기 때문에 고객들은 해당 서비스를 받기 위해 필연적으로 기다리는 상황이 발생한다. 서비스를 받고자 하는 고객이 서비스를 제공하는 시설을 초과하는 상황이 빈번히 발생되면, 서비스를 재구매하고자 하는 고객에게 부정적 영향을 미칠 수 있으므로 효과적인 대기시간 관리가 매우 중요하다.

① 대기관리의 8가지 기본 원칙

데이비드 마이스터(David Maister)은 '대기열의 심리'에서 대기를 효과적으로 관리할 수 있도록 다음과 같은 8가지 기본 원칙을 제시했다.

첫째, 아무일도 하지 않고 있는 시간(Unoccupied Time)이 뭔가를 하고 있을 때(Occupied Time)보다 더 길게 느껴진다.

둘째, 프로세스 이전의 기다림이 프로세스 내의 기다림보다 길게 느껴진다.

셋째, 근심(Anxiety)은 대기시간을 더 길게 느껴지게 한다.

넷째, 불확실한 기다림이 더 길게 느껴진다.

다섯째, 원인이 설명되지 않은 대기시간이 더 길게 느껴진다.

여섯째, 불공정한 대기시간이 더 길게 느껴진다.

일곱째, 서비스가 더 가치 있을수록 사람들은 더 오랫동안 기다릴 것이다.

여덟째, 혼자 기다리는 대기시간이 더 길게 느껴진다.

② 대기관리의 방법

대기관리 방법으로는 고객의 인식에 대한 배려로써 관리하는 고객인식관리와 서비스 생산관리를 이용하고 있다.

㉠ 서비스 생산관리

표 1-2 서비스 생산관리

예약활용	• 병원, 항공사, 극장
커뮤니케이션 활용	• 혼잡시간/적정시간의 안내 • 업무 프로세스 E-mail 또는 SMS 안내
공정한 대기시스템 구축	• 단일 VS 복수 대기선 활용 • 번호표 활용 • Express Line 활용
대안 제시	ex) 은행-ARS, ATM, 자동이체, 전화, 인터넷뱅킹 등

㉡ 고객인식관리

표 1-3 고객인식관리

서비스가 시작되었다는 느낌을 주어라	• 도우미를 활용하여 안내한다. • 접수대행 및 상담을 해 준다.
예상 대기시간을 알려 주어라	• 정보제공으로 고객이 선택할 수 있는 기회를 제공한다. 예) "고객님 앞의 대기 고객이 4팀 있습니다. 20분 가량 기다리셔야 하는데 괜찮으십니까?"
고객을 유형별로 대응하라	• 고객 창구를 업무별로 처리한다.
이용되지 않은 자원은 보이지 않도록 하라	• 고객과 상호작용하지 않는 활동은 고객이 볼 수 없는 곳에서 수행한다. • 일하지 않고 있는 직원은 보이지 않게 한다. • 사용되지 않는 물리적 시설은 보이지 않게 한다.

(2) 구매과정 – 서비스 접점관리(On Service)

① 서비스 접점(MOT)의 유래

MOT는 Moments Of Truth의 약어로, 직역하면 '진실의 순간'이다. 즉, 고객이 기업을 만나는 매 접점의 짧은 순간에 기업의 성패가 판가름되는 '결정적 순간'이 되기도 한다. 따라서, 고객이 서비스를 처음으로 접한 15초 안에 기업의 서비스 품질이 좋고 나쁨을 판단하게 됨으로써 15초 안에 고객을 만족시킬 수 있는 훌륭한 서비스를 제공해야 한다는 개념으로 해석된다. 이러한 MOT의 개념은 경제학자 리처드 노먼 박사에 의해 최초로 사용되었으며, 이를 활용하여 경영에 도입해 성공한 사람이 스칸디나이비아 항공사의 얀 칼슨(Jan Carlzon) 사장이다.

1970년대 말, 세계 항공업계가 석유파동으로 큰 시련을 겪고 있을 때, 17년 연속 흑자를 기록하던 스칸디나비아 항공 또한 경영적자의 위기를 맞게 되면서 얀 칼슨이라는 39세의 젊은 CEO가 취임을 하게 되었다. 그는 취임과 동시에 '고객과 처음 만나는 15초가 기업의 성패를 결정짓는다'는 것을 강조하였고, MOT 경영을 도입하여, 1980년에는 '최우수 항공사', 1986년에는 '고객서비스 최우수 항공사'에 선정되었고, 8백만 달러의 적자항공사에서 7천 1백만 달러의 흑자경영으로 전환하게 되는 계기가 되었다.

② 서비스 접점의 중요성

고객들이 서비스 단계를 순차적으로 경험하게 된다고 가정하였을 때, 고객에게 서비스가 제공되는 경험의 순간들을 나타내는 것이 바로 서비스 접점(MOT)이다. 다음 [그림 1-4]와 같이 어느 한 단계의 서비스가 고객에게 불만을 주었을 때는 전체 MOT가 실패했다고 결론을 내려도 무방하다. 따라서 전체 서비스 만족도를 높이기 위해서는 각 단계의 서비스 접점을 통한 고객경험이 모두 만족스러워야 한다.

그림 1-4 항공사 서비스 MOT

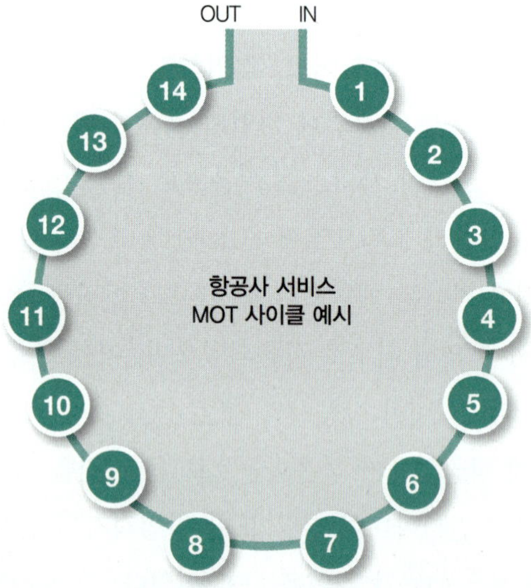

① 항공사 정보를 얻기 위해 전화했을 때
② 비행기 티켓 예약할 때
③ 공항 카운터에 도착했을 때
④ 순서를 기다릴 때
⑤ 탑승권 발급을 위해 지상직 직원과 만났을 때
⑥ 요금지불 후 탑승권을 받을 때
⑦ 출발입구를 찾고 있을 때
⑧ 보안검사대를 통과할 때
⑨ 출발게이트 앞에서 대기하고 있을 때
⑩ 비행티켓 건내고 탑승할 때
⑪ 탑승하여 승무원의 환영을 받을 때
⑫ 좌석을 찾고 있을 때
⑬ 좌석에 앉아 목적지까지 가는 동안 안전한 비행과 승무원의 서비스 받을 때
⑭ 목적지 도착 후 나갈 때

출처: 심윤정 외(2016). 서비스마인드와 글로벌매너.

③ 구매 후 과정(After Service) – 피시본 다이어그램

피시본 다이어그램(Fishbone Diagram)은 이름과 같이 물고기의 뼈 모양을 닮았다고 하여 뼈 도표라고도 불린다. 현상과 결과의 원인 및 이유를 찾아 시각적으로 분석, 정리하는 기법으로 기업의 불만을 추적하는 데 도움을 주며, 품질문제를 일으키는 요인과 그에 관련되는 부수적인 요인들을 검토할 수 있도록 한다.

그림 1-5 피시본 다이어그램

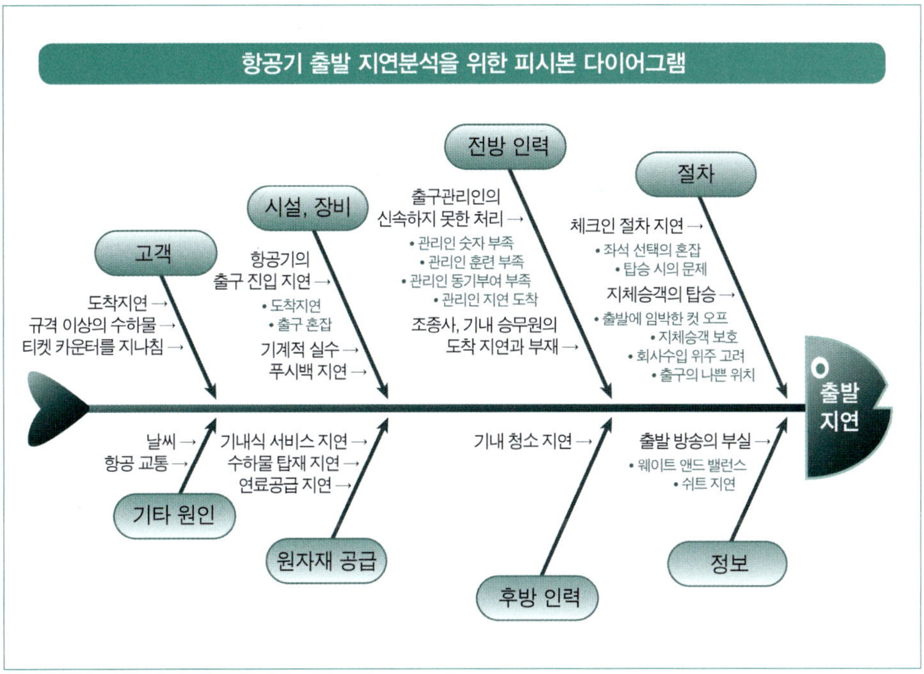

출처: 이유재(2013). 서비스마케팅.

2. 고객만족경영의 개념과 경영

1) 고객만족경영의 개념 및 도입배경

고객만족경영 개념은 1980년대 후반 서비스산업에서 출발한 것으로, 기업의 모든 경영을 고객의 입장에서 생각하고 고객을 만족시켜 기업을 유지하고자 하는 전략이다. 과거 시장 내의 힘이 생산자 중심이였다면, 현재는 소비자 중심의 경제활동으로 변천되어 왔으며, 공급과잉으로 인한 시장포화현상이 도래하기 시작하였다.

또한 정보통신의 발달로 인하여 인터넷 사용이 상용화 및 보편화가 이루어지면서 소비자 주권의식이 확산되었고, 제품품질 상향평준화로 인해 제품의 가치만으로 고객을 충족시키지 못하게 된 것이다. 따라서, 일류기업이 되기 위해서는 경쟁기업보다 우수한 제품을 제공하도록 하며, 또한 최상의 서비스를 고객에게 제공할 수 있는 고객중심경영이 기본이 되었다.

이제 시장이 개방되고 세계가 지구촌화되면서 글로벌 경쟁시대로 변모하게 되었고, 이 변화는 소수의 과점시장에서 다원적 경쟁시장으로의 변화에 큰 기여를 하게 되었다.

또한 고객들의 소비행위가 하드웨어적 요소에서 소프트웨어적 요소를 중요시하게 되면서 고객서비스에 대한 기대치가 점차 상승되어 가고 있으므로, 이제 기업은 고객지향경영과 고객만족경영으로 의식을 변화시켜야 한다. 고객만족경영은 전사적으로 조직 내의 전 부서와 유기적으로 밀접한 활동을 통해서 달성될 수 있고, 그 핵심은 고객의 니즈를 기업내부로 끌어들여 기업의 경영방식을 고객지향적으로 바꿔주는 것이다. 이것이 현장에서 실천됨으로써 고객에게 최고의 가치를 제공하고, 궁극적으로는 기업의 가치를 극대화하여 비전을 달성할수 있도록 한다.

2) 고객만족경영의 흐름

고객만족은 미국의 경우 1970년대에 도입되어 1980년대 성장기를 이루었지만, 한국의 경우는 1990년대 초반에 도입되어 고객생애가치(CVL: Customer Lifetime Value) 창출을 통한 고객기여도를 극대화하는 것에 초점을 맞추었다. 특히 고객만족이 외부고객뿐만 아니라 내부고객 역시 중요함을 인지하게 되었고, 국내고객 및 글로벌 고객의 만족까지 고려해야 하는 패러다임을 가져왔다.

표 1-4 고객만족의 흐름도

1980년대(도입기)	1990년대(성장기)	2000년대(완성기)
타율적, 소극적	자율적, 적극적	생활화, 선도 역할
• 판매 증진을 위해 보조적으로 사용 • 제품 중심의 기초적 친절서비스 중심	• 기업과 공공기관에서 고객만족 도입 • 전사적 고객만족 도입 • 데이터베이스 마케팅 도입 • *CS 경영팀 신설 • *CRM(고객관계관리) 도입 • *A/S 도입 • 사이버 고객만족에 대한 관심 고조	• CRM 경영의 보편화 • 기업의 사회적 책무 중요시 • 고객생애가치(Customer Lifetime Value)극대화 • 내 · 외부고객 및 글로벌 고객까지 고려함

(1) 고객만족경영의 3C

21세기는 모든 것이 고객중심인 시대이다. 현대의 혁신경영에서 현상유지는 퇴보이며, 변화를 따르게 읽고 신속하게 대응하기 위해서는 고객만족경영의 혁신이 요구된다. 마이클해머 교수는『리엔지니어링 기업혁명』에서 "기업의 존재 목적은 고객을 위한 가치창출에 있고, 모든 경영활동은 최종고객을 지향하는 하나의 프로세스로 인식되어야 한다"라고 하면서, 21세기의 화누를 3C, 즉 "Customer(고객만족), Competition(무한경쟁), Change(끊임없는 혁신)"라 말했다. 지금부터 고객만족경영을 추구하는 3C를 구체적으로 살펴보도록 하자.

첫째, Customer(고객만족)**이다.**

고객이 시장을 주도하고 고객이 상품을 선택하는 시대가 된 만큼, 고객확보가 어려워졌다. 즉, 기업의 경영마인드를 고객중심으로 변화해야 한다는 것을 의미한다.

둘째, Competition(무한경쟁)**이다.**

현대의 기업은 신속하게 변화해야 하며, 유연하게 방향성을 갖고 움직일 수 있어야 개선이 가능하다. 이제는 기업중심사고에서 고객, 인간, 고객가치창조의 중심으로 변화해야 한다.

셋째, Change(끊임없는 혁신)**이다.**

글로벌 경쟁체제로 접어들면서 사회 전반의 모든 분야에서 경쟁이 심화되었고, 주권이 수요자 중심으로 이양되면서 고객은 이전에 비해 강한 힘을 갖게 되었다.

3) 성공요인과 실패요인

고객만족 혁신의 성공요인을 살펴보면 다음과 같다.

① 리더십

최고경영자나 리더들의 혁신에 대한 적극적 태도, 긍정적인 마인드를 의미한다. 즉 경영자의 참여, 리더의 의사결정능력, 리더의 중요성, 업무효율의 증가 등을 말한다.

② 조직문화

조직에서의 문화, 혁신담당자, 조직구조 등을 의미한다. 의사소통의 활성화, 조직구조의 유연성, 공감대 형성, 창의적 사고, 혁신 추진 조직, 평가와 보상 등이 포함된다.

③ 자원지원

물리적 · 심리적 보상을 말하며, 칭찬, 자원분배, 격려, 최고경영자의 지원, 자원의 관리, 경영 능력, 인재 육성, 경영혁신 시스템화 등이 있다.

④ 프로세스 기법

서비스 기업에 요구되는 경영혁신 프로세스 기법으로, 리엔지니어링, 6시그마, 지식경영, TQM, 아웃소싱, 벤치마킷 등이 있다.

⑤ 고객과 시장

구성원들이 고객을 중시하는 마인드, 시장 중심 마인드를 갖는 것을 말하며, 조직에서 마케팅을 하거나 시장조사를 실시한 것을 의미한다. 예로 시장동향에 대한 조사, 경쟁업체의 벤치마킹, 시장세분화, 마케팅과 촉진, 고객과 시장, 잠재시장의 선택적 탐구 등이 해당된다.

이정학(2009)의 『서비스마케팅』에 따르면, 고객만족경영에서 서비스 기업이 혁신에 실패하는 요인을 다음과 같이 말하고 있다.

① 전사적으로 합의점을 도출하지 못했기 때문이다.
② 혁신에 필요한 물적 · 인적자원의 부족이다.
③ 기회를 제때에 포착하지 못했기 때문이다.
④ 고객지향보다는 기업 측면에서 지나친 비용절감을 강조했기 때문이다.

학습 및 토론과제

1. 고객만족경영 사례를 국내외 기업 하나씩 선정하여 조사한 후 발표하여 보자.

2. 한국인의 정서에 맞는 고객만족 경영전략을 위해 리더가 고려해야 할 사항들을 정리하여 발표하여 보자.

Chapter 02

고객관계관리

학습목표

1. 고객의 정의를 학습한다.
2. 고객관계관리(CRM)의 개념에 대해 학습한다.
3. 고객관계관리(CRM)의 중요성에 대해 학습한다.
4. CRM 성공분석 및 실패분석에 대해 알아본다.

알아봅시다

❶ 나는 고객의 정의에 대하여 알고 있다. ☐ Yes ☐ No

❷ 산업혁명 초기에 '마케팅 중심'의 시대가 등장했다. ☐ Yes ☐ No

❸ 고객은 프로세스적으로 내부고객, 외부고객 두 분류로 나뉜다. ☐ Yes ☐ No

❹ CRM의 성공요인으로 부서 간의 업무 독립성 확보를 들 수 있다. ☐ Yes ☐ No

❺ CRM에서 가장 중요한 고객은 기존고객 유지이다. ☐ Yes ☐ No

1. 고객의 정의

1) 고객의 정의

고객이란 재화와 용역을 구매하는 개인이나 가구를 일컫는 말로서, 사전적 의미로 상점에서 물건을 사러오는 손님을 말하는 것이 일반적이다. 그러나 오늘날의 사회현상을 반영하여 볼 때, 고객의 개념은 더욱더 확장되어 가고 있는 추세이다. 다시 말해, 서비스 프로세스에 있는 모든 사람은 누군가의 고객이 될 수 있는데, 여기서 '고객'은 '나' 자신이 될 수도 있지만, '나'외 모든 사람이 고객이 될 수 도 있다. 즉, 서비스를 받는 동시에 제공하는 사람이 모두 '고객'이 될 수 있는 것이다.

표 2-1 고객의 의미

고 객	포괄적 의미의 고객
• 여러 번 구매와 상호작용을 통해 형성됨 • 반복구매와 접촉이 없는 사람은 고객이 아니라 구매자 • 단골고객은 높은 친밀감과 애용가치를 가지고 있으나, 고객로열티와는 다른 개념 • 일정 기간 상호접촉이나 커뮤니케이션을 통해 반복구매를 하거나, 고객생애가치의 수익을 창출해주는 사람	• 고객이란 '나' 이외의 '모든 사람' • 우리가 그들에게 서비스를 제공하는 것이 아니라, 우리로 하여금 봉사할 수 있도록 기회를 주는 사람 • 우리에게 필요한 Input을 제공하고 산출된 Output을 받아가는 사람 • 고객이란 '나에게 바람을 지닌 모든 사람' • 우리의 경제적 가치를 창출하는 데 도움을 주는 사람 • 일의 결과를 사용하는 사람, 부서, 프로세스 경제적 가치창출에 도움이 되는 모든 사람

(1) 시대에 따른 고객개념의 변화

시대변화에 따라 고객의 개념도 진화되고 확장되어 왔다. 먼저 시대별 고객개념의 변화는 큰 의미로 [그림 2-1]과 같이 5가지로 분류할 수 있다.

그림 2-1 시대에 따른 고객개념의 변화

① 생산자 중심

과거 산업혁명 초기에 '생산 중심 시대'가 등장하면서, 많은 기업들이 고객보다 생산자 중심 개념을 우선시하여 생산량을 증가시키는 데만 관심을 기울였다. 즉, 이 시기는 수요에 비해 공급이 현저히 부족하였기 때문에 기업의 입장에서는 생산을 하면 일정 수준 이상 보장이 되는 판매량에 더 자연스럽게 중점을 두게 되었다.

② 제품 중심

생산량에 중점을 두고 활동했던 많은 기업들이 제품의 수준과 품질이 비슷해지고, 전반적으로 제품 생산량이 종전보다 증대되면서 소비자에게 눈을 돌려 판매경쟁을 하게 되었다. 판매경쟁이 치열해지자, 기업들은 제품의 차별화를 모색하게 되었고, 점점 생산 중심에서 제품의 질을 우선시하여 기능과 디자인에 더 촉각을 세우기 시작하였다.

③ 판매자 중심

제품의 질에 차별화를 두어 경쟁우위를 선점하기 위한 제품 중심 시대를 지나, 기술발달에 따라 생산량이 갈수록 늘어가면서 공급과잉의 시대가 도래하였다. 수요에 비해 공급이 넘쳐나게 되자, 판매를 촉진하기 위해 판촉활동을 중심으로 활동하기 시작하였다.

④ 마케팅 중심

판매를 중심으로 마케팅을 하면서, 단순히 판매목적으로 소비자에게 다가가는 것은 재구매로 이어질 수 없다는 결론을 얻게 되면서 고객의 마음을 사로잡을 수 있는 고객 지향적 마케팅을 펼치기 시작하였다. 즉, 고객만족이 결국 제품소비로 이어지고, 지속적인 재구매로 연결될 수 있다는 마인드가 정립되기 시작한 것이다. 고객들의 니즈와 원츠를 반영한 가치 있는 제품을 제공하여 고객들이 만족하게 되면, 결국 기업의 인지도와 긍정적 구전으로 인해 더 많은 이윤을 남길 수 있게 되는 선순환 마케팅을 하게 되었다.

⑤ 고객 중심

이제는 기업에서 단순히 이윤을 남기는 것을 목적으로 존재하지 않는다. 즉 고객 중심 사고가 기업의 존폐여부에 큰 존재로 자리매김하고 있다는 것이다. 실제로 고객 중심 시대에 발맞춰 동시성장하고 있는 기업들의 대부분은 기업문화와 그 핵심가치들의 중심에 바로 고객이 가장자리에 있다는 것이다. 고객들은 기업의 제품생산에 참여하여 의견제시 및 제품평가를 하며, 기업 역시 고객모니터링을 통해 과정과 결과를 측정하고, 이를 반영하여 제품을 리디자인(Redesign)하며 고객에게 만족을 줄 수 있도록 고객 의견을 중요시하고 있다.

또한 기업의 긍정적 이미지를 위해 지역사회에 대한 사회공헌에도 힘을 기울여 사회에 이익이 되는 방향으로 기업활동을 하고 있다. 이는 결국 고객에게 긍정적 기업이미지로 포지셔닝될 뿐 아니라, 소비활동에 큰 영향력을 끼치게 된다. 즉, 현 사회의 고객 개념은 사회와 나 이외의 모든 사람들이 될 수 있으며, 고객만족은 결국 품질의 혁신을 가져올 수 있는 좋은 예라고 할 수 있다.

(2) 경제적 관점에 따른 고객의 개념의 변화

시대적 변화에 따른 고객개념의 변화가 있어왔듯이 다음 〈표 2-2〉와 같이 경제적 관점에 따라 고객에 대한 많은 변화가 있어 왔다. 수요가 공급보다 많은 경우 생산자가 중심이 되어 가격결정권과 사양결정권을 갖게 되며, 기업입장에서는 고객보다 매출이나 성장률을 중시하게 된다. 수요와 공급이 균등할 경우 고객의 개념이 정립되고 고객의 니즈를 파악하여 적절한 판매마케팅에 중점을 둘 수 있지만, 평범한 서비스를 제공할 가능성이 크다.

공급이 수요보다 많을 경우, 다량의 판매 중심에서 '질' 위주의 경영으로 고객에게 만족을 주기 위한 품질혁신에 중점을 두게 되며, 고객만족경영에 더 힘쓰게 된다.

표 2-2 경제적 관점에 따른 고객개념의 변화

수요 〉 공급	생산품 부족 ⟶ 생산자 '우선'
수요 = 공급	경쟁개념 도입 ⟶ 고객개념의 도입 (소비자 = 고객)
수요 〈 공급	공급과잉, '질' 위주의 경영 ⟶ 고객만족에 초점, 품질혁신

2) 고객의 범주

(1) 프로세스적 관점 및 가치체계에 따른 고객분류

고객은 크게 세 가지로 분류를 할 수 있는데, 내부고객, 중간고객, 외부고객으로 나눌 수 있다. 좀 더 넓은 의미로는 가치생산 고객인 사내고객, 가치전달고객인 중간고객, 가치구매고객인 최종고객의 세분류로 나눌 수 있다.

하지만 일반적 의미의 고객은 기업경영에 영향을 주는 모든 이해관계자를 일컬으며, 다시 말해 조직 내 고객만족을 위해 가치를 생산하고 전달하고 사용하는 데 관계되는 모든 사람과 조직이 해당된다고 할 수 있다.

표 2-3 프로세스적 관점 및 가치체계에 따른 고객분류

프로세스적 분류	가치체계 기준분류		고객만족 전달과정
내부고객	가치생산고객	사내고객 : 상사와 부하, 부서와 부서, 동료와 동료, 공정과 공정	↓
중간고객	가치전달고객	• 기업과 협력업체 • 기업과 대리점 • 기업과 유통업체	
외부고객	가치사용고객	최종고객, 구매자와 사용자	

(2) 참여관점에 따른 고객분류

고객의 참여관점에 따라 분류를 해보면 다음 〈표 2-4〉와 같다.

표 2-4 참여관점에 따른 고객분류

참여관점에 따른 분류	내 용
직접고객(1차고객)	제공자로부터 제품이나 서비스를 구입하는 사람
간접고객 (개인 또는 집단)	최종 소비자 혹은 2차 소비자
내부고객	회사 내부 조직원으로서 조직에서는 고객으로 분류되고, 주주 등의 이해관계자나 조직원의 가족도 내부고객이 될 수 있음
의사결정고객	직접적으로 제품이나 서비스를 구입하거나 사용하지는 않지만, 1차고객이 선택하는 데 큰 영향을 마치는 고객
의견선도고객	제품이나 서비스에 대한 모니터링, 평가, 심사 등에 영향을 미치는 집단(소비자보호단체, 기자, 평론가, 전문가 등)
법률 규제자	소비자 보호와 관련하여 법률을 만드는 정부나 의회
단골고객	자사의 제품이나 서비스를 지속적이고 반복적으로 구매하는 고객
경쟁자	제품 및 서비스전략 및 고객관리 등에 영향력을 끼치는 고객
옹호고객	단골고객의 성향을 갖고 있을 뿐 아니라 타인에게 적극 추천하는 고객
한계고객	디마케팅(Demarketing)* 대상이 되는 고객으로, 기업의 수익에 별 도움이 되지 않는 고객을 배제하여 자사상품과 서비스에 대한 구매를 의도적으로 줄여 고객활동이나 가치를 중지할 수 있음
얼리 어답터 (Early Adopter)	제품이 출시될 때 가장 먼저 구입해 제품에 관한 정보를 접하고, 평가를 한 후 주변인들에게 제품정보 및 특성을 알려주는 성향을 가진 소비자군
체리 피커 (Cherry Picker)	기업의 상품구매, 서비스 이용실적은 저조하면서 자신의 실속 챙기기에만 관심 있는 고객으로, 기업이 이들을 차별적으로 관리하기 위해 디마케팅(Demarketing)을 함

*디마케팅(Demarketing): 기업들이 자사 상품에 대한 고객의 구매를 의도적으로 줄임으로써 적절한 수요를 창출하는 마케팅 기법(두산백과).

(3) 현대 마케팅 관점에서의 고객분류

마케팅 관점에서의 고객은 소비자, 구매자, 구매승인자, 구매영향자로 나뉠 수 있다.

표 2-5 현대 마케팅 관점에 따른 고객분류

현대 마케팅 관점에 따른 고객분류	내 용
소비자	물건, 서비스를 최종적으로 사용하는 사람
구매자	물건을 사는 사람
구매승인자	구매를 허락하고 승인하는 사람
구매영향자	구매의 의사결정에 직 · 간접적으로 영향을 미치는 사람

(4) 그레고리 스톤의 고객분류

1954년 그레고리 스톤(Gregory Stone)은 의료기관 조직 또는 동일조직이라 하더라도 수행하는 관점에 따라서 다양한 성격의 고객으로 분류할 수 있는데, 이는 고객의 속성을 파악하고 적절한 마케팅 대책을 수립한다면 고객만족을 극대화할 수 있다고 하였다. 그레고리 스톤은 고객을 경제적 고객, 윤리적 고객, 개인적 고객, 편의적 고객 등 네 가지로 분류하였다.

표 2-6 그레고리 스톤의 고객분류

그레고리 스톤의 고객분류	내 용
경제적 고객	• 고객가치를 극대화하려는 고객 • 투자한 시간, 돈, 노력에 대해 최대의 효용을 얻으려는 고객 • 경제적 고객은 까다롭고 경쟁사에 대한 정보가 밝음
윤리적 고객	• 서비스 기업의 윤리적인 행동에 큰 비중을 두는 고객 • 기업의 사회적 이미지가 깨끗하고 윤리적이어야 고객을 유치할 수 있음

개인적 고객	• 개인 간의 교류를 선호하는 고객 • 서비스제공 시 형식적인 서비스보다 자기를 인정하는 서비스를 원하는 고객 • 최근 개인화되어 가는 경향으로 고객정보를 잘 활용할 경우 가능한 마케팅
편의적 고객	• 자신이 서비스를 받는데 있어서 편의성을 중요시하는 고객 • 편의를 위해서라면 추가비용을 지불할 수 있는 고객

2. 고객관계관리(CRM)의 중요성

1) 고객관계관리(CRM) 개념 및 목적

(1) 고객관계관리(CRM)의 개념

CRM은 1990년대 후반에 등장한 개념으로 학문적 정의가 명확히 내려져 있지 않지만, 일반적으로 채널별, 상품별, 계정별로 얻은 정보를 바탕으로 고객의 필요를 정확히 파악한 후, 고객들에게 일관되고 적절한 마케팅전략을 펼쳐 기존의 고객들은 충성도를 높이고 이들의 긍정적 구전효과를 통해 신규고객을 유치할 수 있도록 하는 등 고객의 생애가치를 극대화시켜 기업성과를 향상시키는 현대적 경영기법이다.

다시 말해, 기업의 궁극적 가치는 고객으로부터 시작된다는 전제를 두고 고객에 대한 정확한 정보파악 및 고객과의 교류채널 구축 등 고객관계의 관리에 초점을 맞춘 마케팅 기법이라고 할 수 있다. 최근 정보기술의 발달에 따라 더욱더 밀착된 고객접점을 통해 고객의 데이터 확보, 분석 및 관리 등이 더 용이해지고 있고, 기업의 경쟁력을 위해서는 반드시 필요한 자산이 되었다.

이처럼 CRM을 통해 고객에 대한 다양한 정보를 수집하고 분석하여 적재적소에 맞는 제품과 서비스를 제공하는 것은 결국 기업의 수익성을 증대할 수 있는 고객관계관리 프로세스라 할 수 있다.

그러나 이러한 CRM 시스템(Hardware, Software)은 CRM이 잘 실행될 수 있도록 지원하는 기능의 수단일 뿐, 시스템 자체만으로 성과를 낼 수 있는 것은 아니다. 따라서 CRM의 성공적 실행만이 긍정적 성과와 연결될 수 있으며, 이를 위해서는 고객의 행동양식에 대한 깊은 이해가 바탕이 되어야 한다.

(2) 고객관계관리(CRM)의 등장배경

CRM의 등장배경은 시장, 고객, 정보기술, 마케팅 역할의 변화로 인해 나타나게 되었는데, 구체적인 등장배경을 살펴보면 다음과 같다.

① 시장의 변화

㉠ 제품 차별화의 희석

신 경제체제에서는 더 이상 제품 품질만으로 기업의 경쟁력을 말할 수가 없다.

㉡ 고객확보 경쟁의 증가

전통적인 시장의 지역적인 제한이 무너짐으로써, 고객은 이제 물리적으로 속한 시장뿐만 아니라 세계 어느 시장으로의 접근도 용이해졌다.

㉢ 시장의 세분화

고객들의 개별 니즈를 충족시키기 위해서 시장은 더욱 세분화될 수밖에 없다.

㉣ 대중마케팅의 비효율성 증대

신규 고객 확보를 위한 비용이 기존 고객의 유지를 위해 드는 비용의 최소 3배 이상이 소요된다.

㉤ 고객의 협상력 증가

공급이 수요를 증가하게 되면서 고객의 선택권과 협상력이 증가하고, 소비자의 시대가 개막되었다.

② 고객의 변화

㉠ 고객의 다양성 증대

다양한 인구통계적 속성에 따라 고객의 니즈가 다양해지면서, 기업들은 점점 고객의 니즈에 대응하기가 어려워지고 있는 현실이다.

㉡ 생활방식의 변화

산업화, 도시화, 정보화에 따른 고객의 생활방식 변화가 생기면서, 고객의 변화에 따라 기업이 비즈니스를 수행하는 기본적인 운영방침 또한 변화에 발맞춰어 이에 대응하고 있다. (예: 패스트푸드 지점들의 매장 운영시간(365일 24시간))

㉢ 고객들의 지식화

인터넷을 포함한 다양한 멀티미디어 채널의 등장으로 기업들은 자사의 제품 및 서비스에 대한 정보 공유가 용이해졌다. 이러한 현상들로 인해 고객들은 충분한 정보를 얻어 지식을 쌓게 됨으로써, 제품을 생산하는 기업만큼 정보를 확보하여 특정 영역에 있어서는 그 제품을 생산하는 기업보다 더 많은 지식을 보유할 수 있게 되었다.

㉣ 고객만족의 준거 변화

고객들은 더 이상 제품의 품질만으로 자신들의 만족여부를 결정하지 않게 되었다. 이제는 정보서비스, 전화응대, 문의, 불만처리체계, 사후서비스 등과 같은 기업과의 관계적인 측면에 의해서도 기업을 평가하게 되었다.

㉤ 고객기대수준의 상승

고객의 지식화는 여러 공급자가 제시하는 제품 및 서비스에 대한 즉각적인 비교 능력이 향상되고 있다는 것을 의미하는데, 이러한 현상 때문에 고객들의 기대수준이 더욱 높아지면서 고객을 만족시키기가 더욱 어려워지고 있다. 실제로 미국 미시건 대학이 과거 10년간 조사한 고객만족지수(ACSI: American Customer Satisfation Index)에 의하면, 미국 내 거의 모든 산업에 걸쳐 고객만족수치는 점점 떨어지고 있다는 것이 이를 보여준다.

ⓑ **로열티의 감소**

기업 경쟁이 가속화될수록 고객들은 시장에서 수많은 대체상품을 손쉽게 발견할 수 있게 된다. 즉, 한 기업에 대한 로열티가 점차 약해진다는 것을 의미하는데, 실제로 소매은행의 고객들을 조사한 결과 전체 고객들 중 2개 이상의 은행과 거래를 하는 고객의 비율이 약 70%에 달하며, 4개 이상의 은행과 거래를 하는 고객의 비중도 전체 20% 이상임이 밝혀졌다.

그림 2-2 금융서비스 이용 고객비중

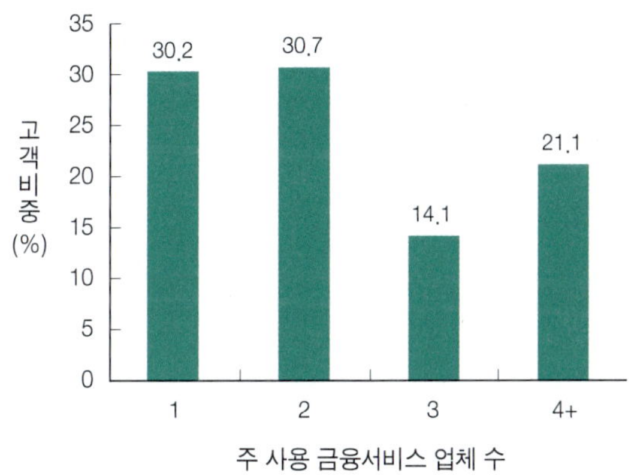

출처: Unidex Report.

③ 정보기술의 변화

ⓐ **하드웨어의 변화**

최근 20년간 데이터저장매체, CPU, 그리고 메모리 등의 비약적인 발전과 가격하락으로 기업들에게 새로운 기회를 부여해주고 있는데, 기업은 과거에는 상상하지 못했던 엄청난 양의 거래 데이터를 수집, 분석 가능하게 됨으로써 CRM 전략의 기반을 마련할 수 있게 되었다.

ⓑ **소프트웨어의 변화**

데이터베이스 관리 시스템(DBMS: Database Management System) 기술의 발전 및 데이터마이닝(Data mining) 기법과 OLAP(Online Analytical Processing)과 같은 분석도구의 활용을 통해 비즈니스 인텔리전스(Business Intelligence)의 실현이 가능하게 되었다.

㉢ 네트워크의 변화

네트워크 기술의 발전은 기업 외부, 즉 기업과 고객, 그리고 고객 간의 관계의 형성과 발전 형태에 큰 변화를 일으킨 요인이라고 할 수 있다.

- 1969년 미국방성이 창안한 ARPA(The Advanced Research Projects Agency) Net에서 비롯된 인터넷의 등장
- 1980년 팀 버너스 리(Tim Berners-Lee)가 설계한 월드와이드웹(World Wide Web) 고객들은 24시간 원하는 기업에 접속하여 제품에 대한 탐색, 비교, 주문, 결제, 배송확인, 문의, 불만접수, A/S접수 및 처리 등 모든 상거래 활동을 인터넷을 통해 진행할 수 있게 되었다.

㉣ 개인정보화기기의 보급

PC, Interactive TV, 핸드폰, PDA 등 개인정보화 기기의 보급이 이루어지면서 기업과 고객과의 직접적인 커뮤니케이션이 더욱 용이해졌으며, 고객들 간의 상호교류가 편리해졌다.

④ 마케팅 역할의 변화

기존의 대중마케팅이 효과를 보지 못하는 이유로는 첫째, 대중마케팅은 모든 잠재고객에게 같은 방식으로 홍보하여 모든 고객이 필요로 하는 것은 모두 같다

그림 2-3 마케팅 전략의 변화

전통적 마케팅 전략의 특징

- 4P(Product, Price, Promotion, Place) 기반
- 제품 중심의 접근
- 대중마케팅 방식
- 직감에 의한 마케팅 기획
- 규모의 경제 기반
- 시장점유율 확대 중심
- 신규고객획득(단기거래 중심) 중심
- 한정된 자료에 기반한 의사결정
- 수익성이 아닌 매출액 기반에 의한 실적 평가

→

새로운 마케팅 전략의 방향성

- 고객 지향성
- 관계 지향성
- 일대일 지향성
- 고객점유율 지향성
- 마케팅 순환기능 지향성
- 다중채널 지향성

는 전제를 내포하고 있음을 알 수 있다는 것을 들 수 있다. 둘째, 고객을 위한 부가가치나 효용성을 전달하는 것이 아니라 제품의 품질이나 가격이 중심적인 내용이다. 셋째, 기존의 대중마케팅의 주 목적은 대부분 신규 고객 창출이었고, 기존 고객의 유지가 아니었다. 다시 말해, 수익성을 잇는 장기적 관계유지보다 단기적인 관점의 거래를 더욱 중요시하였다는 점을 들 수 있다. 따라서 새로운 마케팅 전략방향으로의 변화를 만들어야 한다.

(3) 고객관계관리(CRM)의 목적

CRM의 목적은 신규 고객의 유치에서부터 시작하는 고객과의 거래관계를 고객의 전 생애에 걸쳐 유지하고 제고해 나가면서, 장기적으로 고객의 수익성을 극대화하고자 하는 것이다. 즉, 새로운 고객과의 거래를 시작한 후 다양한 마케팅 활동을 전개하여 그 고객과의 관계를 강화시켜 평생고객으로 발전시키고자 하는 것으로, 성공적인 CRM은 고객관리뿐만 아니라 협력업체들과의 원활하고 지속적

그림 2-4 CRM 프로세스

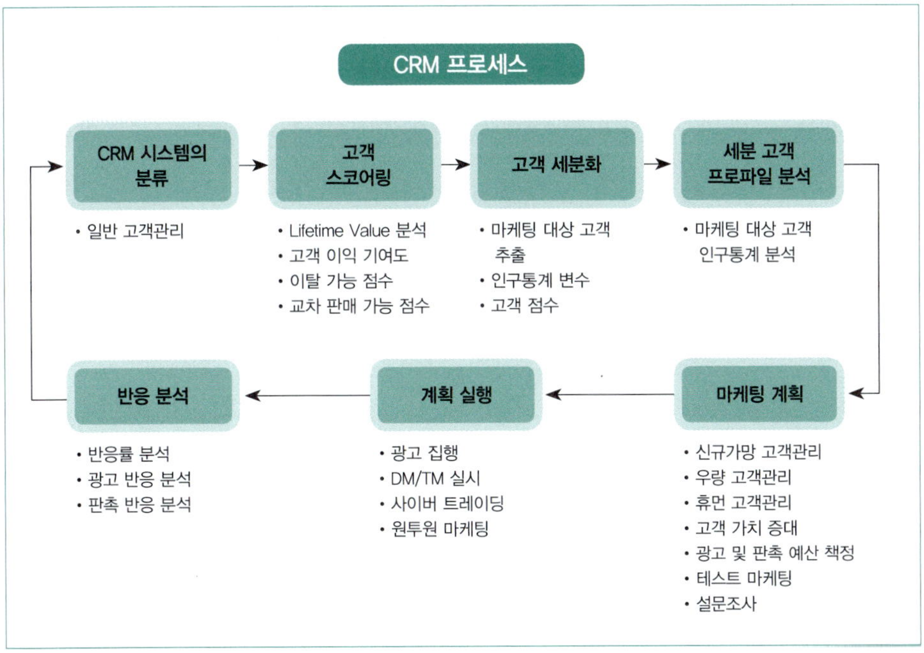

출처: 이화직(2000). CRM의 이론과 사례.

인 관계를 유지하는 데도 도움이 된다. 그리고 고객의 양적 증대에서 질적 고도화로의 전환은 매출 증가, 재고 리스크 감소, 매출 대비 마케팅 비용 감축 등의 효과를 발생시킨다.

2) CRM 시스템 아키텍처의 의의와 구성

(1) CRM 시스템 아키텍처의 의의

조직의 CRM전략의 수행을 위해 필요한 업무와 정보, 그리고 정보기술 요소들을 정의하고, 이들 간의 관계를 논리적인 구조로 표현한 것이다.

CRM 시스템 아키텍처는 광범위한 CRM의 관련 기술들을 상호연관성과 역할에 따라 구분함으로써, CRM 전략에 더욱 체계적으로 접근할 수 있는 구축 가이드를 제공해 준다.

(2) CRM 시스템 아키텍처 구성

CRM은 사용되는 기능에 따라 여러 가지 형태로 분류할 수 있는데, 메타그룹(Meta Group, 1999)은 발전과정과 시스템 구축에 대한 접근방법을 기준으로 하여, 분석CRM(Analytical CRM), 운영CRM(Operational CRM), 협업CRM(Collaborative CRM)으로 크게 3가지로 분류하고 있다. 이를 'CRM Ecosystem'이라고 부른다. 기업에서는 일반적으로 CRM을 구현하는 데 있어서 기업의 특성, 고객의 특성, 업무적 특성 등을 고려하여 부분적으로 CRM을 적용하여 운영한다. 다음 [그림 2-5]는 META Group의 3가지 형태로 분류한 것이다.

그림 2-5 CRM 시스템의 분류

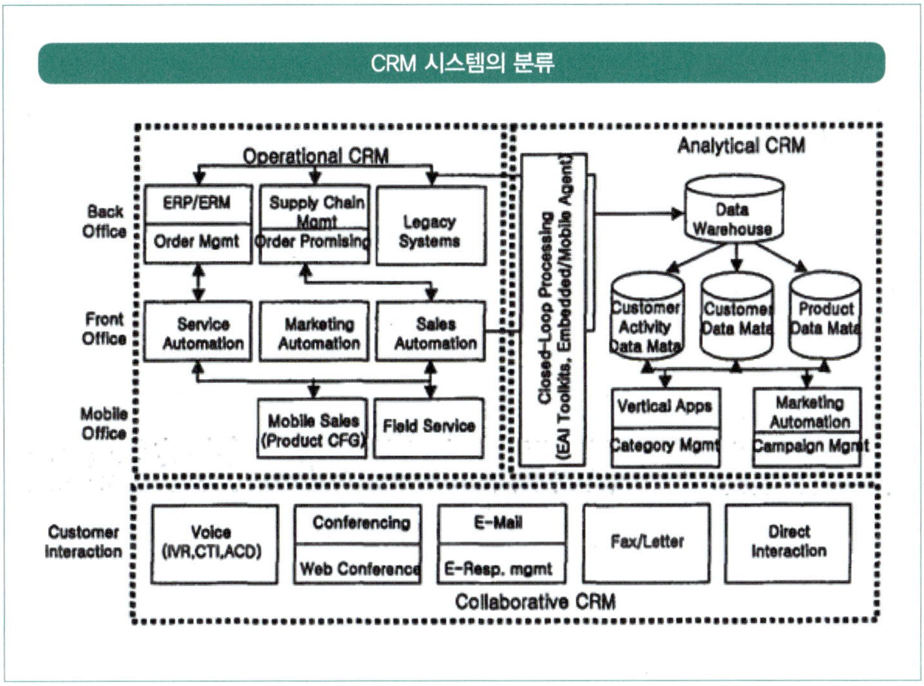

출처: META Group(1999). META group urges "ecosystem" Approach to customer relationship management.

① 분석CRM(Analytical CRM)

고객을 분석하는 분석CRM은 영업, 마케팅, 서비스 측면에서 고객정보를 활용하기 위해 고객 데이터를 추출, 분석하는 시스템이다. 이 시스템을 통해 고객의 행동양식을 분석, 예측하고 고객의 충성도를 파악하고 확보한다. 세부적으로 고객세분화, 고객 프로파일링, 제품 컨셉의 발견, 캠페인 관리, 이벤트 계획, 프로모션 계획 등의 기회 및 방법에 대한 아이디어를 도출할 수 있다.

고객정보를 저장하고 분석하여 의미 있는 데이터를 도출하는 데 필요한 IT시스템으로 데이터웨어하우스(Data Warehouse)와 데이터마이닝(Data Mining), OLAP(OnLine Analytical Processing) 등이 있다.

② 운영CRM(Operational CRM)

고객의 정보를 수집 및 운영하는 운영CRM은 후방위(Back Office)에서 분석CRM

시스템을 통해 도출된 고객정보를 활용하여 마케팅, 영업, 고객서비스 등 전방위(Front Office) 영역에서 실질적인 비즈니스 프로세스의 자동화를 위하여 기업의 응용시스템들이 통합되도록 하며, 주문처리, 생산, 구매, 재고, 물류, 회계 등의 비즈니스 프로세스와 연계되도록 지원하는 통합 프로세스이다.

고객과의 접점을 자동화함으로써 고객관리를 효율화하는 것을 목적으로 마케팅자동화 시스템, 영업활동자동 시스템, 고객지원서비스 시스템, CRM 시스템 솔루션 시장동향 등이 있다.

③ 협업CRM(Collaborative CRM)

고객과 기업 사이에 정보교환이 원활하게 이루어지도록 하는 협업CRM은 단순히 마케팅 채널들의 집합이 아니라 고객과 기업 간의 커뮤니케이션을 포괄적인 관점에서 통제 운영해주는 시스템이다. 기업 전체의 고객 관련 부서들의 업무 프로세스를 한눈에 볼 수 있도록 하고, 기업 내부 각 부서들 간의 협력과 고객정보의 공유를 효과적으로 지원한다.

그림 2-6 고객접점 채널의 분류

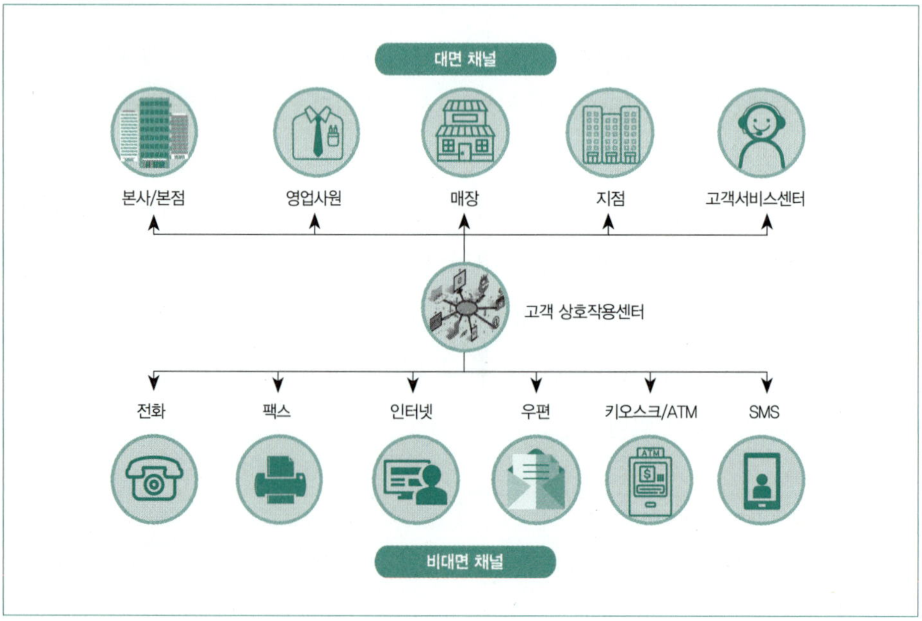

직접적인 대면 채널인 지점, 매장, 영업사원의 방문, 고객서비스센터 등과 비대면 채널인 콜센터, 웹을 이용한 판매, 인터넷을 이용한 서비스, E-Mail, FAX, SMS 등 기타 유사한 도구 등을 포함하는 협업적 서비스 제공과 활용을 지원하는 CRM 시스템으로 기업과 고객 간의 상호작용 관리기능이 있다.

3) 고객관리 활동모델

그림 2-7 고객관리 활동모델

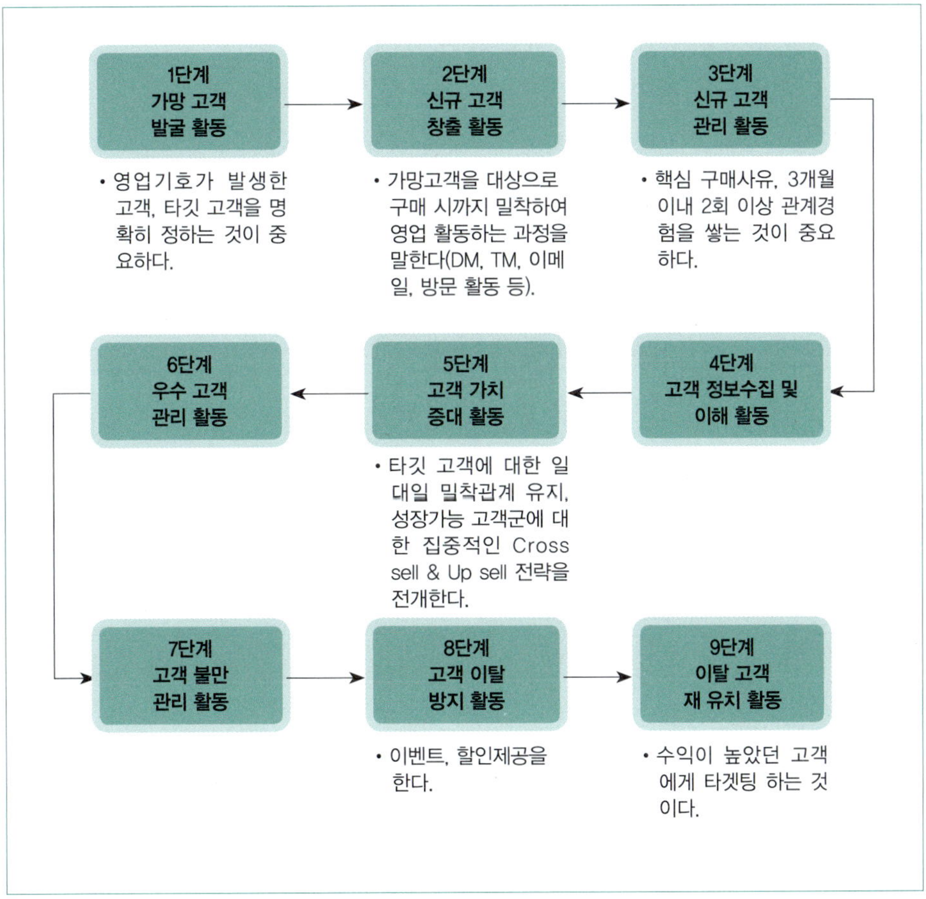

4) 고객관계관리(CRM) 성공분석 및 실패분석

(1) CRM 성공분석

CRM의 성공요인은 IT에 국한되지 않으며, 고객을 바라보는 시각의 패러다임이 선행되어야 한다. 즉, 고객을 단순히 거래대상으로만 바라보는 것이 아니라, 공유가치를 창출하는 파트너로의 의식이 필요하다.

좀 더 구체적인 CRM 성공요인을 알아보자면 다음과 같다.

첫째, 고객 중심의 조직 문화가 이루어져야 한다.

둘째, 최고 경영층의 적극적인 지원 및 확신이 있어야 한다.

셋째, 고객 중심의 경영을 지원할 수 있는 성과평가 체계 및 조직을 재구성해야 한다.

넷째, 명확한 목표(비전)와 전략을 설정해야 한다.

다섯째, 기업의 특성에 맞는 전략을 구축하고 접근해야 한다.

여섯째, 고객유지율, 고객성장율, 브랜드 선호도 지표를 통해 측정된 장기적 관점에서 CRM을 체계적으로 수립해야 한다.

일곱째, 원활한 커뮤니케이션을 위한 고객 담당자의 역량강화교육이 필요하다.

여덟째, 적절한 파트너 선정과 적절한 팀을 구성하도록 한다.

아홉째, 조직구성원에 대한 지속적인 교육인 진행되어야 한다.

열째, 고객정보의 신뢰성을 확보하고, 비즈니스 모델을 고객중심으로 전환시켜야 한다.

(2) CRM 실패분석

기업의 경우, 고객과의 상호작용하는 모든 경우의 수를 준비하고 대응할 수 있는 자료를 수집하는 데 한계가 있다. 기업은 CRM을 적용하여 고객 데이터베이스를 구축하고 유지하기 위해 많은 비용을 투자하게 되는데, 데이터베이스 중에는 필요 없거나 의미가 없는 데이터들도 있다. 예로, 정보수집에 많은 비용이 드는 경우나, 상표에 대한 충성심이 없는 제품 등이 이와 같은 경우이다.

일반적으로 CRM도입의 실패를 분석하여 보면 다음과 같다.

첫째, 고객 중심이 아닌 기업중심의 마인드를 가지는 경우를 들 수 있다.

둘째, 전사적이 아닌 단위 조직에 초점을 맞추어 추진할 경우, 업무팀의 협업 부족으로 실패를 가져올 수 있다.

셋째, 지나치게 복잡하고 많은 비용이 소요되는 프로세스를 구현한 경우이다.

넷째, 사용자의 입장을 고려하지 못한 기능과 정보를 시스템에 반영한 경우가 있다.

다섯째, 모든 고객과의 관계를 무리하게 구축하려고 하는 경우를 들 수 있다.

여섯째, 목표가 정확하지 않다.

일곱째, 문제 있는 업무의 프로세스 자동화의 경우를 들 수 있다.

여덟째, 고객, 제품, 상품, 거래내역 등 고객들의 데이터 관리가 부주의한 경우이다.

학습 및 토론과제

1. 최근 커피숍 등에서 다수의 인원이 한 잔의 커피만을 구매하여 장시간 자리를 이용하는 고객들로 인해 '한 사람당 한 잔 주문'의 원칙을 내세워 운영하는 곳이 점차 늘고 있는 추세이다. 그렇다면 상점은 소비를 하지 않는 고객을 거절할 권리가 있는 것인지에 대해 토론하여 보자.

2. 기업의 CRM 성공 및 실패사례를 조사하여 발표해 보자.

Chapter 03

서비스이론

학습목표

1. 서비스의 어원과 정의에 대해 학습한다.
2. 서비스의 특징을 학습한다.
3. 의료서비스의 개념에 대해 학습한다.
4. 의료서비스 특성 및 사례에 대해 학습한다.

알아봅시다

❶ 서비스가 반품되거나 재판매될 수 없는 속성은 소멸성 때문이다. ☐ Yes ☐ No

❷ 서비스는 유형의 활동이자 과정이다. ☐ Yes ☐ No

❸ 서비스는 거래 전 – 거래 시 – 거래 후 서비스의 3단계로 나뉜다. ☐ Yes ☐ No

❹ 의료서비스는 기대와 실제 성과가 일치를 이룬다. ☐ Yes ☐ No

❺ 의료서비스는 수요예측이 가능하다. ☐ Yes ☐ No

1. 서비스의 정의

1) 서비스의 어원과 정의

(1) 서비스의 어원

'Service'의 유래는 '노예의 상태'란 뜻이며, 라틴어 'Servitium'과 '노예'를 뜻하는 프랑스 'Servus'에서 그 어원이 시작되었다. 즉, 직역하면 'Service'란 '노예가 주인에게 충성을 바친다'는 의미에서 출발했으며, 현재는 그 뜻이 순화되어 '상대를 위한 봉사'를 뜻하게 되면서 '무형의 가치'로써 전체 산업영역에서 중심축 역할을 수행하는 서비스 산업을 지칭하는 뜻으로 변화되어 왔다.

우리가 익히 알고 자주 사용하는 '서비스'라는 단어는 많은 의미를 내포하고 있지만, 그 정의나 개념에 대해 명확히 알고 있는 사람은 드물 것이다.

다음 〈표 3-1〉을 통해 다양한 '서비스'의 의미를 알아보자.

표 3-1 서비스의 의미

사용 예시	서비스 의미
역시 휴대폰은 OO기업이 최고야. 서비스가 완벽하거든.	A/S서비스 제공과정의 신속성과 완벽성
이 음식점의 수유실 서비스는 만점이네요.	서비스 제반시설 환경
이 호텔 종사자들 서비스는 최고야!	서비스 제공자의 태도

위 개념들은 모두 서비스를 의미하는 뜻을 내포하고 있다. 상황과 환경에 따라 서비스를 해석하고 의미하는 바는 조금씩 다르게 사용될 수 있지만, 그 뜻을 모두 포함하는 것이 서비스이다.

동양적 사고개념으로서의 서비스는 봉사, 친절, 공헌, 덤과 같은 '정(情)'을 강조하는 의미를 갖고 있지만, 이와 달리 서양적 사고개념은 원조(Assistance), 도움

(Help), 대가를 주는 노동으로 경제적이고 교환적 가치의 의미가 있다. 이는 '팁(TIP)'문화와도 관련이 있는데, '팁'은 '내가 받은 서비스에 대한 만족이 대가'로서, '덤'이 아닌 '대가성'의 뜻을 지니고 있음을 뜻한다.

결과적으로 서비스는 고객 입장에서는 고객이 진정으로 원하는 것을 제공받고 만족하는 행위라고 할 수 있고, 제공자 입장에서는 고객이 만족해하는 모습을 통해 기쁨과 보람, 그리고 성취감을 느끼는 것으로 설명될 수 있다.

생각해봅시다

❶ 내가 생각하는 '고객 입장에서의 좋은 서비스'는 무엇인가요?
❷ 내가 생각하는 '종사원 입장에서의 좋은 서비스'는 무엇인가요?

서비스에 대한 정의는 그 개념과 본질에 대해 학자별로 다양한 견해가 있고, 어디에 초점을 두었느냐에 따라 조금씩 다르게 정의된다. 서비스 정의에 대해 좀 더 구체적으로 알아보도록 하자.

(2) 서비스의 정의

① 서비스의 사전적 정의

먼저 서비스의 사전적 정의를 살펴보면 아래와 같다.

- 생산된 재화를 운반, 배급하거나 생산, 소비에 필요한 노무를 제공
- 장사에서 값을 깍아 주거나 덤으로 줌
- 개인적으로 남을 위하여 돕거나 시중을 듦, '봉사', '접대'로 순화

② 서비스의 학술적 정의

서비스에 대한 개념 및 정의는 연구자들의 다양한 견해에 비추어 볼 때, 그 개념과 본질을 파악하는 데 여러 측면이 있다. 다음 서비스에 대한 대표적 학자들의 정의를 살펴보자.

표 3-2 서비스의 학술적 정의

학 자	정 의
라스멜 (Rathmell, 1966)	서비스란 시장에서 판매되는 무형의 상품으로, 손으로 만질 수 있는지의 여부에 따라 유형, 무형의 상품으로 구분
베솜 (Bessom, 1973)	서비스는 소비자에게 판매되는 편익이나 만족을 제공하는 것으로, 소비자 스스로 수행할 기회가 없는 활동
베리 (Berry, 1980)	서비스란 무형의 활동이나 노력으로 '구매하는 대상의 본질'이 유형적인지, 무형적인지의 여부로 판단
레니텐 (Lehitnen, 1983)	고객만족을 제공하려는 고객접점의 인력이나 장비의 상호작용 결과 일어나는 활동으로, 소비자에게 만족을 제공하는 것
코틀러 (Kotler, 1988)	서비스는 상대방에게 제공할 수 있는 활동이나 혜택으로, 무형적이고 소유될 수 없는 물리적 생산물과 결부될 수도 있고 그렇지 않을 수도 있음

이처럼 서비스는 여러 학자들의 다양한 견해만큼이나 포괄적 의미를 내포하고 있다. 즉, 고객 입장에서의 서비스는 단순히 친절을 제공받는 것이 아니라, 문제해결을 위한 과정이자 이를 전달받는 행위이므로 고객이 직면하고 있는 문제를 적재적소에 맞게 해결할 수 있는 것이 고객만족의 지름길이자, 우리가 정의하고자 하는 서비스의 개념의 기본바탕이 될 것이다.

기업경영의 입장에서도 서비스는 단순히 업무의 일부나 불만족을 일으키지 않도록 하는 일종의 관리기능으로만 치부해서는 안 된다. 서비스는 기업의 수익과 이익을 창출하는 핵심기능이자 투자이므로, 서비스는 기업의 생존과 성장에 결정적 영향을 미치는 핵심경영활동이다.

이러한 서비스의 특성에 대하여 구체적으로 알아보자.

2) 서비스의 특성

서비스는 유형의 제품에서 볼 수 없는 여러 특성을 지니고 있는데, 일반적으로 무형성, 이질성, 비분리성, 소멸성으로 그 특징을 네 가지로 분류하고 있다.

그림 3-1 서비스의 특성

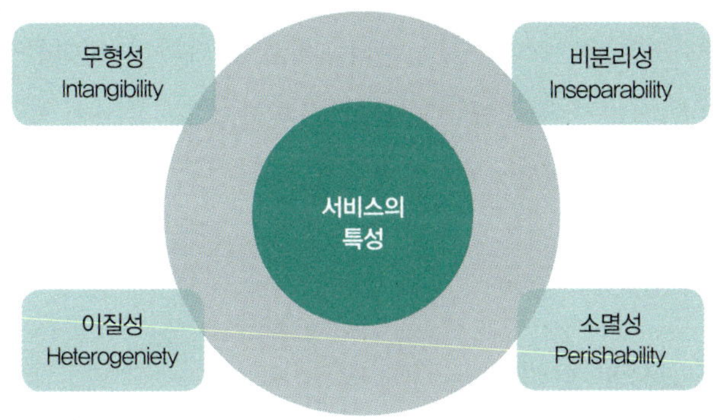

(1) 서비스는 무형의 활동이자 과정이다.

서비스는 유형의 제품처럼 오감을 느낄 수 있는 것이 아닌, 무형의 것으로 형태가 없다는 특징이 있다. 따라서 객관적 형태로 제공하거나 제시할 수 없을 뿐 아니라, 그 가치를 평가하고 파악하기가 어렵다.

서비스는 다음 두 가지의 의미를 가지고 있다.

첫째, 서비스는 유형의 제품처럼 보거나 만질 수 없는 객관적 의미를 갖는다.

둘째, 서비스는 보거나 만질 수 없으므로 그 서비스의 가치가 어떤지 상상하기 어렵다는 주관적 의미를 갖는다.

이와 같은 서비스 무형성의 특성으로 인해 물리적 증거를 제공하여 고객과의 커뮤니케이션에 노력하여야 한다.

병원의 예를 들어보자. 일반적으로 기업에서는 가시적인 제품을 가지고 마케팅을 하며, 제품을 제공하는 실행과정에서 야기되는 문제점은 전략을 바꾸어 마케팅을 하는 유동성을 지니고 있지만, 병원에서의 의료서비스의 경우는 상품처럼 전시하거나 특허를 낼 수 없어 보호받을 수 없다는 곤란함이 있다. 이러한 이유로 의료서비스를 받는 환자의 구전활동과 진료서비스상품에 관한 환자와의 적극적인 커뮤니케이션 활동이 매우 중요할 수밖에 없다.

호텔의 무형성 극복예시를 들어보자. 호텔은 서비스상품을 미디어를 통해 얻어지는 혜택을 가시적으로 보여주고자 한다. 예로 드라마나 영화를 통해 간접적으로 호텔룸(Room)의 컨디션이나 레스토랑의 내부환경 및 음식의 퀄리티(Qulity) 등의 유형적인 증거를 제기해줌으로써, 고객으로 하여금 구매욕구를 상승시켜주기도 한다.

(2) 서비스는 생산과 소비가 동시에 일어난다.

제품의 경우는 생산과 소비가 분리되어 일단 생산한 후 판매되고, 나중에 소비되지만 서비스는 생산과 소비가 동시에 이루어진다. 즉, 서비스 제공자가 고객에게 제공함과 동시에 고객은 이를 소비하기 때문에 고객이 서비스 공급과정에 참여하는 경우가 많다. 예로, 헤어샵의 경우 디자이너와 고객이 헤어디자인을 두고 서로 커뮤니케이션을 하는 과정을 보면 고객이 공급과정에 자신의 의견을 전달하며 소비를 하고 이와 동시에 디자이너는 생산한다. 병원의 경우는 어떠한가. 의사는 환자의 증상을 듣고 원인을 파악하여 처방을 내리는 생산활동을 하고 환자는 증상을 설명하고 치료를 받는 소비활동을 한다.

유형상품의 경우 소비자가 원하는 시간과 장소에 상품공급을 위해 수송 및 저장을 위한 유통채널이 다양하고 그 기능 또한 중요하지만, 서비스의 경우는 수송과 저장 등의 유통기능이 중요하지 않다. 서비스의 유통에서 중요한 것은 고객의 접점에서 서비스제공자가 고객에게 제공하는 '서비스의 질'이며, 이 결과가 고객이 향후 재구매를 하는 데 큰 영향을 미치기 때문에 서비스를 제공하는 사람과 소비하는 고객의 상호피드백이 매우 중요하다. 그러나 고객이 공급과정에 참여하기 때문에 집중화된 대량생산체제를 구축하기가 곤란한 문제점이 발생하는데, 이와 같은 문제점을 해결하기 위하여 서비스종사원의 선발과정에 신중해야 하고, 서비스교육 또한 철저히 시행해야 한다. 그래서 고객에게 서비스시설의 다양한 환경을 제공하여, 원활한 서비스가 되도록 기계도입을 통한 대인접촉 서비스 제공을 줄이는 것도 하나의 방법이 될 수 있다.

(3) 서비스는 가변적이다.

서비스는 누가, 언제, 어디서 제공하느냐에 따라 달라질 수 있는 개별적 특성을 가지고 있다. 서비스는 주로 사람에 의해 제공되기 때문에 일관되고 표준화된 서비스를 제공하기가 어려운 점이 있기 때문이다.

즉, 같은 기업에 종사하는 종사자들이라도 시간과 장소, 그리고 고객에 따라 다른 서비스를 제공할 수 있다는 이질성을 갖고 있다. 예로, 의료인에 따라 의술과 환자에 대한 응대는 차이가 있을 수 있으며, 헤어디자이너의 기술이 방문 때마다 달라질 수 있다. 심지어 종사자가 아닌 기계로 인해 서비스의 질을 다르게 느끼는 경우가 발생하기도 하는데, 최근 핸드폰의 기술과 기능이 발달하고 있지만 기기 사용을 잘 이해하지 못한 고객이 사용하는 데에는 한계점이 있을 것이며, 그렇지 않은 고객에 비해 경험하는 서비스의 질은 분명 다를 것이다. 즉, 서비스는 동질적이 아닌 변동적이기에, 규격화하거나 표준화하기 어렵다.

이러한 문제점을 해결하기 위하여 우수한 인력을 확보하여 좋은 교육에 노출될 수 있도록 하고, 조직 전체의 서비스 수행과정의 표준화를 위한 매뉴얼 작업 및 고객들의 소리에 귀 기울여 불평불만처리 시스템 구축을 위한 다양한 서비스망을 확보해야 할 것이다.

그러나 다른 관점에서 서비스의 이질성은 고객에 따른 개별화의 기회를 제공한다. 일반적으로 서비스의 효용은 소비자의 주관으로 평가하는 경우가 많으므로, 제공되는 서비스의 개성화를 통해 다양한 고객욕구에 대응할 수 있다는 점은 시사하는 바가 크다.

(4) 서비스는 저장하거나 재판매가 불가능하다.

제품은 생산을 해서 판매 후 남은 재고는 보관하여 다음에 다시 재판매가 가능하지만, 서비스는 재고로 보관하거나 재판매할 수 없다. 즉, 사용하지 않으면 사라지기 때문에 재고 조절이 불가능하다.

예로, 비행기좌석은 재고로 저장될 수 없고, 빈 좌석은 이륙과 동시에 소멸된다. 따라서 이미 이륙한 비행기 안의 좌석이 내일의 초과수요를 채우기 위해 재고로 유지될 수 없게 된다. 병원에서도 의사들이 예약시간을 지키지 않는 환자들에게 비용을 부과하는 경우가 발생하는데, 서비스 제공시점에 환자가 없으면 서비스가치가 상실되는 서비스의 소멸성 특성 때문이다.

최근 이슈가 되고 있는 고객들의 예약부도가 큰 사회문제로 야기되는 것도 서비스의 소멸성으로 인해 기업이 큰 손실을 입을 수 있다는 이유에서인데, 수요가 지속적이고 안정적이면 소멸성은 사실 크게 문제되지 않는다. 하지만 수요의 변동이 심하면 서비스의 과잉생산으로 발생하는 손실과 과소생산으로 생기는 이익기회의 상실 같은 고질적 문제가 발생한다. 그러므로 이를 해결하기 위해서는 서비스의 수요와 공급 간의 조화를 이루는 전략이 매우 중요하다.

또한 수요가 별로 없는 시간에 이용하는 고객들에게 보다 낮은 요금을 적용하는 서비스가격의 차별화를 활용할 수 있으며, 비성수기 영향을 많이 받는 호텔 및 리조트의 경우도 마찬가지 전략이 필요할 수 있다. 그러나 수요가 더 발생할 경우를 대비하여 대기나 예약 같은 형태로 수요를 재고로 보관하거나, 임시직원 채용 등을 통해 유연성을 확보하고, 종사자들에게 직무별 교육을 주기적으로 실시하여 유사시 부족하거나 남게 되는 직무에 투입할 수 있는 기반을 만드는 것도 필요하다.

3) 서비스의 3단계

서비스는 행위시점을 기준으로 '거래 전 – 거래 시 – 거래 후' 서비스의 3단계로 나누어진다.

다음 크리스토퍼(Christoper)서비스 3단계를 〈표 3–3〉을 통해 알아보자.

표 3-3 고객서비스 3단계

거래 전	거래 시	거래 후
• 시스템 유연성 • 회사에 대한 고객평가 • 명시된 회사의 정책 • 기술적 서비스	• 주문의 편리성, 상품 대체성 • 재고품질 수준 • 백오더(Back order) 이용가능성 • 시간	• 수리 중 일시적 제품대체 • 제품포장, 제품추적 • 고객클레임, 불만

출처: 안태호 외 역(1996). 신 물류관리.

(1) 사전서비스(Before Service)

사전서비스는 기업이 고객을 맞이하려고 하기 전에 고객을 위해 준비를 하는 것을 말한다. 즉, 인터넷이나 각종 미디어를 통해 노출되는 광고를 활용하여 고객서비스에 대한 지침을 사전에 제공함으로써 고객이 받을 서비스를 미리 알 수 있게 해 준다. 예로, 한 호텔이 드라마를 통해 간접적으로 호텔을 광고하여 긍정적 정보를 유통시키고, 이를 본 고객이 예약시스템을 통해 해당 호텔을 예약했다는 것을 가정하면 이는 예약이라는 사전서비스의 일종에 해당한다. 따라서 사전서비스에서의 예약은 매우 중요하다. 예약을 통해서 기업은 해당 행사일에 필요한 인원과 수급물품을 계획할 수 있으며, 이 활동은 결국 기업 이윤과 연결된다. 결론적으로 판매가능성을 타진하고 촉진하는 예약서비스라고 할 수 있다.

예약확보방안	
• 예약을 권장하는 메일이나 광고 선전 • 사전예약 가격우대	• 회원제를 활용 • 한 번 예약을 이용한 고객이 구두로 전하는 선전을 이용

(2) 현장서비스(On Service)

고객과 기업의 직원 간에 직접적으로 상호 거래가 이루어지는 서비스로서, 거래를 할 때 고객에게 제품을 인도하는 데 직접적으로 관련된 것이다. 현장서비스는 서비스의 본질적인 것으로, 고객이 들어오는 순간부터 현장서비스가 본격적으로 진행된다.

그러나 현장에서의 서비스는 공간과 시간의 제약을 받게 된다. 시간의 경우부터 살펴보면, 고객이 갑자기 몰리는 시간의 경우 서비스가 원활하게 운용되기 힘든 부분이 있다. 고객 입장에서 대기시간이 길어지게 되면 불안함을 느끼게 되고, 원인이 설명되지 않은 대기시간은 더 길게 느껴지게 마련이다. 그러나 제공받는 서비스가 가치 있을수록 고객들은 기다리는 데 흔쾌히 시간을 투자할 것이다. 따라서 현장에서 고객과 긍정적 상호교류가 되려면 다양한 각도의 노력이 수반되어야 할 것이다.

(3) 사후서비스(After Service)

거래 시 서비스는 서비스 제공시간이 종료되면 고객의 편익도 종료되는 것처럼 보이지만, 그 이후의 거래 후 서비스의 역할 역시 매우 중요하다. 거래 후 서비스, 즉 사후서비스는 고객불만을 미연에 방지할 수 있을 뿐 아니라, 고객만족을 위한 관리 측면에서도 브랜드 이미지 상승효과 및 재방문을 유도하는 데 중요한 역할을 한다.

고객이 지속적인 구매로 이어질 수 있도록 고객불만 처리체계를 세심하게 구축하고, A/S의 원활한 이용과 더불어 새로운 상품에 대한 정보제공을 통해 고객을 유지 및 관리할 수 있다.

2. 의료서비스의 이해

1) 의료서비스의 개념

의료서비스란 환자의 진료와 관련된 것으로 의사가 주체가 되어 환자를 치료하는 행위와 관련된 직 · 간접의 모든 서비스를 말하며, 예방적 의료서비스와 치료적 의료서비스로 나뉠 수 있다. 의료서비스를 이용하는 환자는 기본적으로 의사의 전문적인 진료행위 및 병원의 전반적인 서비스를 구매하게 되는데, 일반상품을 구매하는 것과 달리 해당 병원의 시설, 규모, 의료장비, 의사 및 의료인들의 전문적인 서비스 등 보다 구체적이고 다양한 구매행태를 가지고 있으며, 환자는 최적의 구매결정을 위해 정보탐색에 많은 노력을 기울이고 있다.

따라서, 의료서비스가 의료행위 자체의 본질적인 서비스 이외에 부가적인 의료외적 서비스, 즉 의료진과 직원들의 친절도, 부대시설 등 병원시설 이용자 및 환자 가족의 주관적인 평가가 의료서비스 질에 미치는 영향이 클 수밖에 없다.

최근 의료기술의 발달에 따라 병원 간의 의료적 서비스의 질이 상향평준화를 이루면서, 기존 의료서비스 경쟁에서 의료외적 서비스로서의 경쟁으로 바뀌어 가고 있다.

표 3-4 의료서비스의 정의

의료적 서비스	의료외적 서비스	부대시설서비스
• 의료적 서비스란 환자의 진료와 관련되는 진찰, 처치, 수술 등과 관련된 의료행위로 정의	• 의료외적 서비스란 의료행위를 하는 과정에서 부수적으로 따르는 부가적인 서비스로 정의	• 부대시설서비스란 의료행위 이외에 서비스가치와 편익을 높이기 위해 제공되는 서비스로 정의
• 의료적 서비스를 측정하기 위한 관측변수로 장비의 현대성, 고객과의 약속이행, 담당의사의 설명력, 진료능력, 의료진의 능숙성, 간호사의 설명력 등이 이용됨	• 의료외적 서비스를 측정하기 위한 관측변수로 대기장소 병원근무자의 친절성, 병원근무자의 용모, 업무의 신속성, 접근 용이성, 병원의 청결성이 이용됨	• 부대시설서비스를 측정하기 위한 관측변수로는 숙박시설, 서점, 편의점, 세탁소, 커피전문점, 패스트푸드점의 입점 선호도가 이용됨

출처: 이훈영 외(2008). 의료서비스 품질이 고객만족도에 미치는 영향에 관한 연구.

〈표 3-4〉를 통해 고객(환자)의 주관적 평가가 이루어지는 의료서비스 품질의 구성요인을 함께 살펴보자.

위와 같은 의료서비스 품질은 기존 의사와 환자의 수직적이고 권위주의적인 관계에서 환자의 알 권리와 주권의식의 변화에 따라 상호적인 계약관계로 발돋음하고 있다. 따라서 의료진과 환자와의 신뢰관계 형성을 통해 긍정적 영향을 줄 수 있도록 하고, 환자 중심의 서비스가 적절하게 잘 운용되는지 살펴봐야 한다.

마이어(Mayers)는 양질의 의료서비스 조건을 다음 〈표 3-5〉와 같이 주장하고 있다.

표 3-5 마이어(Mayers)의 양질의 의료서비스 조건

구분	내용
접근성	양질의 의료서비스는 모두가 편리하게 이용할 수 있도록 적합한 장소에 있어야 한다.
적정성	질적인 측면에서 의료의 의학적 적정성과 의료의 사회적 적정성이 동시에 달성될 수 있어야 한다.
조정성	의료의 내용에는 예방, 치료, 재활 및 보건 증진 사업과 관련되는 다양한 서비스가 잘 조정되어 포함되어야 한다.
지속성	각 개인에게 제공되는 의료는 시간적, 지리적으로 상관성을 갖고 적절히 연결되어야 한다.
효율성	의료의 목적을 달성하는 데 투입되는 자원의 양을 최소화하거나, 일정한 자원의 투입으로 최대의 목적을 달성할 수 있어야 한다.

2) 의료서비스의 특성 및 사례

(1) 의료서비스의 특성

① 의료서비스의 일반적 특성

㉠ 의료서비스는 무형적인 제품이다.

서비스가 무형성의 특징을 갖고 있지만 특히 의료서비스의 경우는 무형성이 가장 높다고 할 수 있다. 의료행위 자체를 구매 이전에 경험을 할 수 없고, 소비 후에도 평가를 할 수 없다는 점이 다른 서비스와 차이를 이루기 때문이다. 다시 말해, 의사가 환자들에게 의료서비스의 질을 보여주기 위해 진료과정을 제시하거나 그 가치를 가시화하기에 매우 어려울 뿐 아니라, 그 서비스의 질에 대한 평가 역시 어려워 환자는 의사를 신뢰하고 전적으로 따를 수밖에 없다는 점이 있다. 이러한 특징은 때때로 의료행위를 받는 환자를 보호할 수 없는 문제를 야기시키기도 한다.

ⓛ 기대와 실제 성과와의 불일치가 크다.

의료서비스는 환자의 기대와 실제의 성과 사이의 불일치가 크다. 의료서비스 자체가 무형재이며 생산과 소비과정이 환자와의 접점에서 이루어지기 때문인데, 환자들의 상태는 다양하고 또 의료서비스를 제공하는 사람의 능력에 의해 그 질이 좌우되므로 이질성이 높다. 의료서비스의 이질성으로 인해 의료의 질 관리의 표준화 및 대량생산이 매우 어렵다.

ⓒ 수요예측이 불가능하다.

일반 서비스기업의 경우는 예약시스템 등을 통해 수요을 예측하여 인력이나 상품 등을 사전에 준비하는 수요예측이 가능하기도 하지만, 병원의 경우는 수요예측이 매우 곤란한 점을 들 수 있다. 물론 계절의 영향으로 그 추세를 따져볼 수 있으나, 불가항적 바이러스의 유행이나 갑작스러운 대형사고 및 자연재해 등은 의료서비스의 수요를 증가시키는 이유가 되기도 한다. 따라서 병원은 수요예측이 가능한 일반기업서비스와 다른 원리가 적용된다.

ⓔ 의사결정자의 차이가 있다.

일반적으로 재화나 서비스는 수요자에 의해 구매가 결정되지만, 의료서비스는 의료서비스 제공자에 의해 구매자체가 결정되는 경우가 대부분이므로 이와 같은 의사결정의 차이가 있다.

ⓜ 의료서비스 비용은 간접 지불 형태를 갖는다.

의료비 지불에 있어, 의료보험이 제공되지 않는 경우 이외에는 일반적으로 환자는 의료보험조합과 함께 돈을 지불한다. 따라서 환자들은 의료행위에 대한 가격에 비탄력적이며, 의료서비스 구매 시 자신의 돈에 대한 가치추구가 적용되지 못한다.

② 의료서비스의 사회 · 경제적 특성

㉠ 의료서비스 주체 간의 불평등

의료서비스는 규격화와 표준화가 매우 곤란한 점이 있어, 대부분 사전에 무엇이 제공되는지 모른다. 즉, 의료서비스가 시장 등가 교환이라는 개념을 벗어나는 것을 의미한다.

㉡ 서비스 주체 간의 공동지향성

의사와 환자는 치료라는 공동의 목적을 위해 노력해야 한다. 이는 시장적 교환이 아닌, 의사와 환자관계에서 장기간에 걸친 인격적인 접촉을 요구한다.

㉢ 수요발생 배후상황의 중요성

질병이 발생하면 빈부격차를 떠나 큰 사회적 문제로 대두되는데, 국가가 재정제도를 통하여 질병 치료에 상호부조라는 기능을 수행한다.

㉣ 이중의 불확실성

질병의 발생원인, 수요, 치료효과를 정확하게 예측하기 힘들다.

(2) 의료서비스의 구성요인

신영출(2007)의 연구에 따르면, 의료서비스 성과와 관련된 요소를 의료의 기술, 의료진과 환자 간의 상호작용, 환자와 가족에 대한 우선적 관심, 사회 전체로서의 의료에 대한 입장, 의료질 평가에 대한 비용적인 개념적용 등 5가지로 구분하고 있다.

첫째, 의료의 기술을 구성하는 요인으로는 의료의 기술적 성과를 들 수 있는데, 의료지식과 판단에 의거하여 최신 의료과학과 기술이 산출하는 건강의 가장 큰 증진을 산출하고, 이와 같은 기술적인 의료질을 통해 의료적 효과의 적정화를 성취할 수 있다.

둘째, 의료진과 환자 간의 상호작용의 관리를 들 수 있는데, 먼저 환자를 진료하는 데 필요한 정보와 최적의 의료방법을 선정하게 된다. 그러기 위해서는 의사는 환자와의 의견교환을 통해 질병의 성격과 관리 및 처치방법 등을 교류하게 되고, 이 과정에서 환자는 의사에 대한 신뢰를 바탕으로 적극적인 협조를 하게 된다. 이러한 상호작용 과정은 성공적인 치료가 되는 데 큰 동기부여로 작용된다.

셋째, 환자와 가족의 우선적 관심을 갖는 것을 들 수 있는데, 종전의 의료공급자에게 우리의 관심이 우선적으로 적용되는 것에서 의료의 질은 환자와 환자가족의 공헌도가 포함될 뿐만 아니라, 의료결과의 성패에 책임을 수행한다는 우선적 관심을 갖는 것이다.

넷째, 사회전체의 의료에 관한 것으로 의료이용의 접근용이성과 양질의 의료수준에 대한 사회적 배분에 대한 판단을 말한다. 사회적 의료의 질을 제고하기 위해서는 의료진과 의료기관의 최선의 노력이 필요로 하나 이를 통제할 수 없는 많은 요인에 의해 영향을 받으므로 이와 같은 요인들에 대해 이해하고 관심을 갖도록 하는 것이다.

다섯째, 의료질의 평가의 개념에 비용이 적용되는 것을 들 수 있다. 실제 질 낮은 의료나 효율적이지 못한 의료는 있을 수 있으나, 적정한 진료가 아닌 과한 진료로 인한 비용이 과다 발생할 경우 건강에 직접적인 부정적 영향을 끼치기도 하고, 실제로 좋은 의료를 공급받지 못한 이유로 간접적으로 정신건강에도 부정적 영향을 미치기도 한다.

(3) 의료서비스 사례

의료는 환자의 심신과 건강의 회복을 돕는 기능도 있지만, 무엇보다 의료의 목적은 환자를 안심시키고 다시 건강한 상태로 되돌려주는 작업일 것이다. 이 과정에서 우리는 물적 서비스로는 줄 수 없는 인적 서비스로 환자들의 정신건강 회복을 돕기도 한다. 진정으로 환자의 병을 치유하는 힘은 환자와 의료인의 진실한 유대관계에서 시작되는 것은 아닐까? 다음 사례를 읽어보고 참된 의료서비스에 대해 토론하여 보자.

Q. 내가 생각하는 진정한 의료서비스란?

사례연구

사람을 치유하는 웃음의 힘, '패치 아담스'

● 불우한 가정환경을 비관해 자살시도를 한 그의 이름은 '헌터 아담스'

그는 몇 번이나 자살을 시도하다가 결국 정신병원에 들어가게 되었다. 삶의 가장 밑바닥이라 생각했던 정신병원에서 헌터 아담스는 인생의 터닝포인트를 맞게 되는데 그에게 어떤 결정적 일이 생긴 걸까?

● 광대가 된 의사, '패치 아담스'

정신병원에서 헌터 아담스는 동료 환자들과 함께하면서 깨닫게 된 것이 몸이 병들고 아프게 되면 공통적으로 부족해지는 한 가지를 발견하게 된다. 바로 '웃음'이다. 병에 대해 걱정하고 무서워하는 환자들에게 즐거움을 주는 것이야말로 의사의 일이라고 생각한 헌터 아담스는 '세상에서 가장 웃긴 의사'라는 꿈을 갖고 제 발로 정신병원을 나오게 된다. 그로부터 2년 뒤, 늦깎이 의대생이 된 그는 '헌터' 대신 상처를 치유한다는 의미의 '패치(Patch)'로 이름을 바꾸어 직접 환자를 찾으러 다니게 되었다. 환자들에게 웃음을 주기 위해 의사에게는 어울리지 않는 광대 옷을 입고 우스꽝스러운 공연까지 진행하게 되고, 그가 있는 병실에는 웃음이 떠나질 않게 된다. 학교에서는 그런 그에게 몇 번이나 경고를 하고 다른 의사들의 비판과 권고에도 자신만의 치료방식을 멈추지 않았다. 그런 노력 덕분에 삭막했던 병원은 행복이 가득한 곳으로 탈바꿈하였고 환자에게 웃음을 처방하게 된다. 헌터 아담스는 자신 역시 상처투성이 인생을 살았기 때문에 누구보다 환자의 아픔에 공감할 수 있었다고 한다. 그렇게 환자와 마음을 나누는 친구가 된 그는 웃음으로 그 아픔을 치유해주고자 하였고, 진정한 친구가 주는 웃음이야말로 절망을 이겨내고 행복을 찾을 수 있는 최고의 치료약이라는 확신을 갖게 되었다.

현재 그는 무료 진료소인 '게준트하이트(Gesundheit)'를 설립하여 운영하고 있으며, 이곳에서 봉사하려는 의사만도 수천 명에 이를 만큼 환자를 향한 그의 생각에 많은 사람들이 공감하고 있다.

"최고의 의사는 바로 친구입니다"

–의사 헌터 아담스(Hunter Adams)

출처: 영화 Patch Adams 중에서

학습 및 토론과제

1. 기업 중 한 곳을 선택하여(숙박시설, 의료시설, 여행시설 등) 서비스 특성 중 소멸성 극복을 위해 어떠한 노력을 기울이고 있는지 극복방안을 조사하여 발표하여 보자.

2. 의료서비스의 친절 사례 혹은 불친절 사례를 조사하여 발표하여 보자.

Chapter 04

차별화 서비스기법

학습목표

1. 고객인지프로그램의 중요성과 인지모델을 이해한다.
2. 고객시장 세분화는 전략적 마케팅 기획의 기초를 설명할 수 있다.
3. 관계마케팅의 핵심요소를 이해하고 고객경험관리의 사례를 기술할 수 있다.

알아봅시다

❶ 고객인지프로그램(Customer Recognition Program)은 규격화된 획일적 서비스에서 차별화된 개별적 서비스를 제공하는 것을 의미한다. ☐ Yes ☐ No

❷ 서비스 수익체인(Service Profit Chain)은 서비스 가치를 매개로 하여 경영성과를 창출하는 데 필요한 요소들을 개념적으로 통합한 것이 이다. ☐ Yes ☐ No

❸ 서비스 패러독스(Service Paradox)는 서비스가 다양해지고 좋아져서 서비스 만족도가 올라가는 현상이다. ☐ Yes ☐ No

❹ 틈새시장(Niche Marketing)은 현재는 수행되지 않는 매우 특별한 욕구를 갖는 시장을 비교적 작은 부분으로 쪼개는 과정을 말한다. ☐ Yes ☐ No

1. 고객인지프로그램

1) 고객인지프로그램

고객인지프로그램(Customer Recognition Program)은 규격화된 획일적서비스에서 차별화된 개별적 서비스를 제공하는 것을 의미한다. 모든 고객에게 규격화된 획일적 서비스를 제공하는 것이 아니라, 고도로 차별화된 개별적 서비스(Personalized Service)를 제공한다.

고객인지부조화 모델에 관한 연구에서 가장 많이 연구되어 온 테마는 만족판단 프로세스에 관한 구조적 해명에 관한 것으로, 올리버(Oliver)의 기대 · 불일치 패러다임이다. 기대-불일치 패러다임은 만족의 선행요인으로 관련된 제품 성과에 주목하고 있다. 그리고 기대, 성과, 기대와 성과의 불일치 또는 만족을 만족판단과정의 모델로 다루고 있다. 그중 성과는 주관적인 척도에 의해 또는 소비자의 지각에 의해 판단되는 것이다.

올리버(1997)는 불일치는 기대와 경험된 성과와 비교로 또 한 기대와 성과의 어

그림 4-1 인지부조화 모델

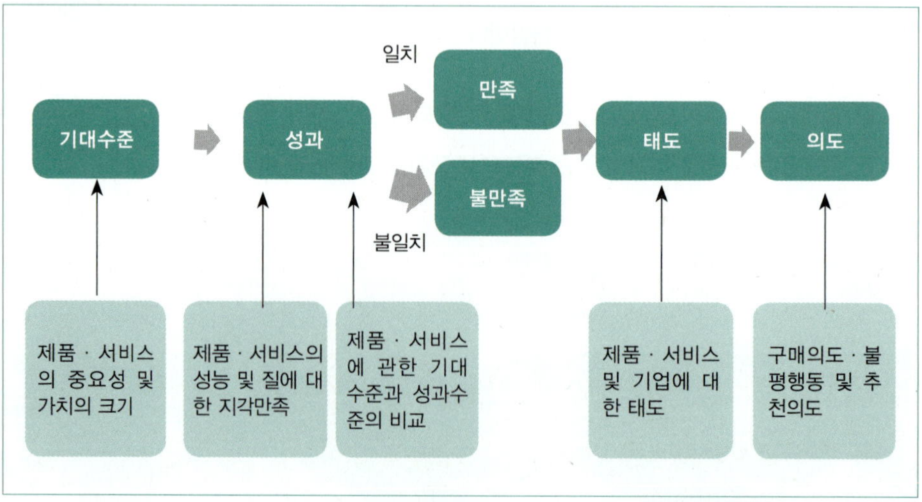

출처: R. L. Oliver(1980). A Cognitive Model of the Antecedents and Consequences of Satisfaction.

긋남에 의한 심리적인 견해라고 한다. 그 불일치에는 성과가 기대를 웃돌 때에 발생하는 적극적인 불일치가 있으며, 기대보다 성과가 밑도는 부정적인 불일치가 있다고 설명한다.

(1) 리즈칼튼 고객인지프로그램

사례연구
리츠칼튼 호텔의 고객인지프로그램

구분	내용
신조 (The Credo)	• 우리의 가장 중요한 임무는 고객에게 진정으로 편하고 안락한 공간을 제공하는 것이다. • 우리는 고객이 언제나 따듯하고, 편안한 고품격의 분위기를 즐길 수 있도록 고객 한 분 한 분에게 최고의 서비스와 시설을 제공할 것을 다짐한다. • 리츠칼튼 호텔에서의 경험은 고객의 삶에 활기를 불어넣고, • 참다운 웰빙을 깨닫게 해주며, 고객의 숨은 욕구와 희망까지 충족시켜 줄 것이다.
사훈(The Motto)	• 우리는 신사숙녀를 모시는 신사숙녀이다.
3단계서비스 (3 Steps of Service)	• 따뜻하고 진실되게 맞이하고, 가능한 한 고객의 이름을 부른다. • 고객이 원하는 바를 미리 예측하고 이에 부응한다. • 따뜻한 작별인사로 감사 드리고, 되도록 고객이 이름을 부르며 따뜻하게 배웅한다.

리츠칼튼 호텔은 고객인지프로그램으로 맞춤화된 서비스 제공을 실현시킨다. 고객이 한 번을 묵더라도 고객이 숙박했던 방의 특징, 먹었던 음식, 요청사항, 특이사항 등을 모두 전용 데이터망에 입력된다. 이 고객의 정보는 전 세계의 어떤 리츠칼튼을 이용하든지 고객이 원했던 것을 미리 말하지 않더라도 미리 준비해 두는 완벽하고 고객맞춤화된 서비스를 제공한다. 즉, 전 세계 어디의 리츠칼튼 호텔이라도 고객의 데이터에 입각한 서비스를 제공받게 되는 것이다. 이것이 리츠칼튼 호텔이 세계에서 가장 단골고객이 많은 이유이다.

이 호텔을 찾는 고객의 95% 정도가 "추억에 남을 만한 방문"이었다는 강한 인상을 받고 호텔을 떠나게 되었다고 말했다. 리츠칼튼이 제공하는 고도의 개별적 서비스를 가능하게 해 주는 것은 "고객인지프로그램(customer Recognition program)"이라고 불리는 고객정보관리 시스템이다. 이러한 리츠칼튼 호텔의 서비스 혁신은 결국 고객들의 서비스 품질을 높일 수 있었다.

이른바 종합품질경영(TQM: Total Quality Management) 방식의 경영방침을 실현한다. 리츠칼튼은 무형의 서비스를 측정가능한 상품으로 제공하고, 결정 없는 품질을 제공하기 위해 고안한 것이다. 데이터를 근거하여 고객의 불만과 칭찬을 종합적으로 검토한 후 새로인 신상품 개발의 자료로 활용한다. 리츠칼튼 호텔은 호텔업계 최초로 말콤볼드리치 미국품질상을 수상했을 뿐만 아니라, 3번이나 미국 최고의 호텔체인으로 선정되었다.

2) 서비스 수익 체인

서비스 가치를 매개로 하여 기업들이 경영성과를 창출하는 데 필요한 여러 요소들을 개념적으로 통합한 것이 서비스 수익체인(Service Profit Chain)이다. 기업 내부의 운영전략이나 서비스 전달시스템과 관련하여 작업장이나 업무설계, 권한위임, 선발과 경쟁개발, 보상과 인정, 정보커뮤니케이션, 고객에게 서비스를 제공하기 위한 적절한 도구 등을 통해 내부 서비스 품질을 관리한다. 직원의 업무 역량을 증진시키는 것은 직원의 만족도를 향상시키고 이어 직원 충성도를 높이고, 나아가 직원의 생산성과 산출물의 품질을 높여주는 선순환을 말한다.

아래의 하버드 대학의 헤스켓(Heskett), 사서(Sasser), 슐레징거(Schlesinger)의 연구를 살펴본다. 기업의 수익성이 시장점유율에 의해 좌우된다고 하는 것은 오류이며, 매출 성장 및 수익성은 고객의 충성도에 의해 좌우된다고 말한다. 즉, 만족도가 높은 종업원은 충성도가 높고 생산적이며, 충성도 높은 고객을 이끌어낸다고 보는 것이다.

그림 4-2 서비스 수익 체인

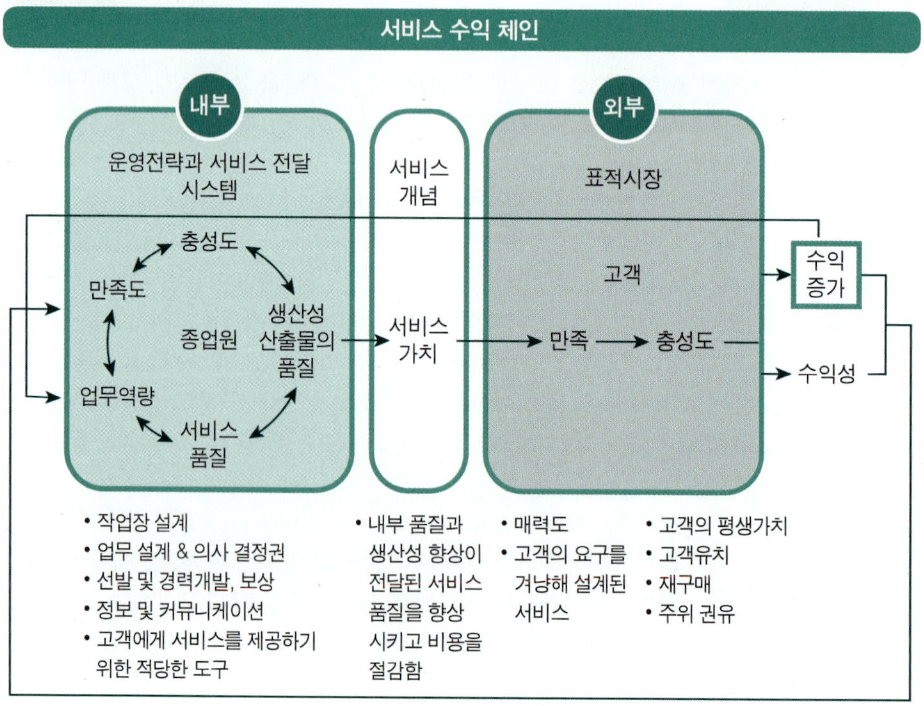

3) 서비스 패러독스(Service Paradox)

현대사회는 과거에 비해 서비스가 다양해지고 좋아졌으나, 오히려 소비자 불만의 소리가 높아지고 있다. 이와 같이, 과거에 비해 서비스가 다양해지고 좋아졌음에도 서비스 만족도는 오히려 낮아지는 현상을 서비스 패러독스라고 한다.

(1) 서비스 패러독스의 원인

- 서비스의 표준화
- 서비스의 동질화
- 서비스의 인간성 상실
- 기술의 복잡화
- 종업원 확보의 악순환

(2) 서비스 패러독스 극복방안

표 4-1 서비스 패러독스 극복방안

S(Sincerity, Speed & Smile)	성의와 스피드, 스마일이 좋은 서비스를 제공한다.
E(Energy)	서비스는 활기차고 힘이 있어야 한다.
R(Revolution)	서비스는 신선하고 혁신적이어야 한다.
V(Valuable)	서비스는 어느 한쪽의 희생이 아닌 서로에게 이익 되고 가치 있는 것이어야 한다.
I(Impressive)	서비스는 기쁨과 감동이 있어야 한다.
C(Communication)	서비스는 상호적 커뮤니케이션이어야 한다.
E(Entertainment)	서비스는 진심 어린 환대가 이루어져야 한다.

2. 차별화 서비스전략

1) 시대변화와 틈새시장(Niche Marketing)

소비자의 니즈(Needs)가 다양해짐에 따라 기업들은 새로운 마케팅에 관심을 가지고 되었다. 틈새시장이란 시장의 비어 있는 공간을 의미하며, '남이 모르는 좋은 낚시터'라는 은유적인 뜻도 있다. 즉, 소규모의 시장에 특화된 상품으로 시장 영역을 만드는 전략이다. 작은 시장에서 보다 나은 표적을 얻기 위하여 수단을 탐색하고 시장을 확대해 나가는 것이다. 코틀러(Kotler)는 '현재는 수행되지 않는 매우 특별한 욕구를 갖는 시장을 비교적 작은 부분으로 쪼개는 과정'이라고 정의하였다. 틈새시장의 전략으로는 기존의 세분시장을 다시 세분화하여 대기업으로부터 고립된 세분시장을 개척하여 성장을 도모하는 세분단위 시장개척전략과 좁은 세분단위 시장을 깊게 개척하여 소비자의 수요를 증대시키는 세분단위 시장심화전략이 있다. 그리고 소비자 개개인의 니즈를 충족시키고자 전개하는 개성화 대응전략으로 나뉜다.

(1) 틈새시장의 특징

- 끊임없이 변화한다.
- 없어지거나 새로 생성되기도 한다.
- 틈새시장이 대형시장이 되기도 한다.
- 여러 기업이 동일한 틈새시장에 공존하기도 한다.

(2) 틈새시장의 조건

- 수익을 보장할 수 있는 충분한 시장규모와 구매력이 있어야 한다.
- 틈새시장은 장기적인 시장 잠재력이 있어야 한다.

- 중요 경쟁자들의 관심 밖에 있는 시장이어야 한다.
- 시장의 욕구를 충족시킬 수 있는 능력과 자원을 보유해야 한다.
- 주요 경쟁자들의 공격을 방어할 수 있어야 한다.

사례연구 틈새시장의 전략 사례

사우스웨스트 항공은 미국의 저비용 항공사이다. 본사는 텍사스 주 댈러스에 있고, 총 여객 운송수로 세계 3위로 보잉 737기 3대로 시작하였고 기내식이 없으며, 다음 비행기 대기시간이 15분 정도인 덕에 세계 3위에 들어가는 쾌거를 이룬다. 기종은 보잉 737만 사용한다. 그 성공의 비결은 다음과 같다. 사우스웨스트 항공사(Southwest Airlines)는 일반적으로 항공사들이 허브공항 위주로 운항하지만 대부분의 승객들은 허브공항을 거치지 않고 직접 목적지로 가길 원한다는 사실을 파악하고, 틈새시장의 가능성을 보았다. 그리하여 세계에서 유일하게 단거리 노선만 뛰며, 대신 하루 운행 횟수를 최대한 늘리고 저운임을 유지하되, 지방의 도시 사이를 직접 연결하는 항공사가 되는 전략을 세웠다.

1988년 5월 미국 운수성이 발표하는 정시 운항률의 높이, 수화물의 분실 건수의 적음, 이용자로부터 불평의 적음의 3개 부문에 도착하고, 미국 전체의 항공사에서 톱이 되었다.

출처: 위키드 백과사전, 사우스웨스트 항공.

2) 고객 위주의 제품 차별화

빠른 시장의 변화에 기업이 살아남기 위해서는 변화의 물결에 그 발걸음을 맞추어야 한다. 더불어 치열한 경쟁 속에서 살아남기 위한 자신만의 차별성을 갖추어야 하고, 고객의 마음을 사로잡아야 한다. 경영이론가인 마이클 해머(M.Hammer)는 『리엔지니어링』 이라는 책을 통해 이제 기업과 관리자들은 소름끼치도록 낯선 상황에 마주하게 되었다고 말한다. 그 낯선 상황은 3C, 즉 Customer(고객), Copetition(경쟁), Change(변화)이다. 3C는 서로 독립적이면서도 함께 결합되는 3가지 힘으로, '변화, 경쟁, 고객'이라는 큰 흐름을 준비하지 않으면 기업은 미래를 보장받지 못한다고 말한다.

그림 4-3 제품 차별화

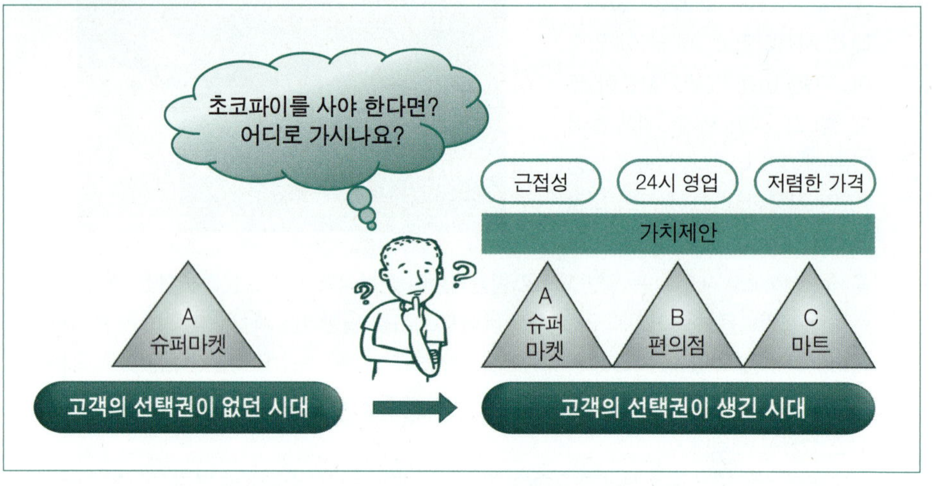

공급이 수요보다 큰 시장에서는 고객에게 선택권이 생긴다. [그림 4-3]처럼 초코파이를 구매한다면, 고객은 과거에는 집에서 가장 가까운 유일한 그 슈퍼마켓을 찾아갔지만, 이제는 나에게 만족을 주는 가치를 제안하는 그 곳을 찾아갈 것이다. 이제는 슈퍼마켓, 편의점, 마트 등 고객의 선택권이 넘쳐나는 시대이다.

나에게 가치를 제안한다는 것은 슈퍼마켓의 경우 근접성이다. 편의점의 경우 24시 영업이 가치제안일 것이다. 대형마트의 경우 저렴한 가격이 이들이 고객에게 제안하는 가치이다. 고객은 결국 제품, 서비스 만족을 제공하는 기업을 선택하게 된다. 공급이 수유보다 큰 시장에서는 고객에게 선택권이 생긴다. 그렇기에 기업의 입장에서는 고객에게 가치제안을 위해 자신만의 서비스, 제품의 전략을 준비해야 하고, 기업의 생존을 위한하는 경쟁사들보다 더 나은 서비스구축을 위해 노력해야 하겠다.

이러한 일련의 과정이 고객만족경영이 필요한 이유이기도 하다.

생각해봅시다

최근 개발된 상품 가운데 경쟁력을 갖춘 상품은 무엇이 있는지 생각해보자.

3) 사후서비스(After Service)의 중요성

서비스를 행위시점을 기준으로 생각하면 사전서비스, 현장서비스, 사후서비스 이 3가지로 분류할 수 있다.

그림 4-4 서비스의 분류

(1) 거래 전 서비스(Before Service)

고객에게 제공하고자 하는 서비스의 내용을 소개하고 소비를 촉진시키기 위해 사전에 잠재 고객들과 상담을 통해 예약을 받는 등 의견조절을 하고, 방문 고객을 위한 사전에 상품을 진열하는 등의 준비하는 단계의 서비스이다.

(2) 현장서비스(On Service)

서비스가 고객과 제공자의 상호거래에 의해 진행되는 단계로 서비스의 본질부분이라 할 수 있다. 고객과 제공자가 일대일인 경우, 고객은 한 명이고 제공자는 여럿인 경우, 제공자는 한 명이나 고객이 다수인 경우 등 여러 유형의 서비스가 있다.

(3) 거래 후 서비스(After Service)

서비스의 특성상 생산과 소비가 동시에 발생하므로 현장서비스가 종료되면 그 후에는 아무 일도 없던 것처럼 보이지만, 실제로는 고객유지를 위해 사후서비스도 매우 중요하다.

3. 토털서비스

1) 참여서비스리더십

리더십은 공동의 목표를 설정하고, 이를 달성하기 위해 구성원들의 협력을 가져오는 영향력을 말한다. 서비스리더십은 환경의 변화를 감지하고, 그에 따른 기회와 위협을 파악하여 적절히 대처하는 전략과 공공의 목표달성을 위한 핵심역량의 확보 및 발휘로 탁월한 성과 도출이라는 일련의 선순환과정이 단계마다 발휘되는 리더십이다. 즉, 리더의 서비스를 통해 내부 고객의 행복과 외부 고객의 만족이 선순환되도록 하는 리더십이다.

참여서비스리더십

- 의의: 조직구성원들을 조직의 과정 속에 보다 적극적으로 활용하여 그들의 의견을 의사결정에 많이 반영시키는 형태의 리더십
- 일에 대한 적극적인 동기를 부여
- 개별 업무자들은 조직의 목표를 스스로 내재화. 업무수행력 높아짐
- 장점
  ① 조직의 목표에 대한 참여증대
  ② 집단의 지식과 기술활용 용이
  ③ 헌신증가
  ④ 개인적 가치, 신념 고취
  ⑤ 참여를 통한 사고와 기술습득
  ⑥ 자유로운 의사소통 장려
- 단점: ① 참여에 따른 시간소모 ② 책임분산으로 무기력 ③ 어중간한 타협

(1) 서비스리더십의 목표

서비스리더십의 목표는 고객만족이다. 고객만족은 내부 고객만족과 외부 고객만족을 동시에 의미한다. 내부 고객(직원)이 리더에게 고객으로 대접받고 서비스를 받을 때 만족을 느끼며, 그 만족을 토대로 외부 고객에게 만족과 감동을 느낄 수 있는 서비스를 제공한다는 현실을 구조화한 이론이다. 서비스리더십의 선순환을 살펴보면 다음과 같다.

그림 4-5 서비스리더십의 선순환

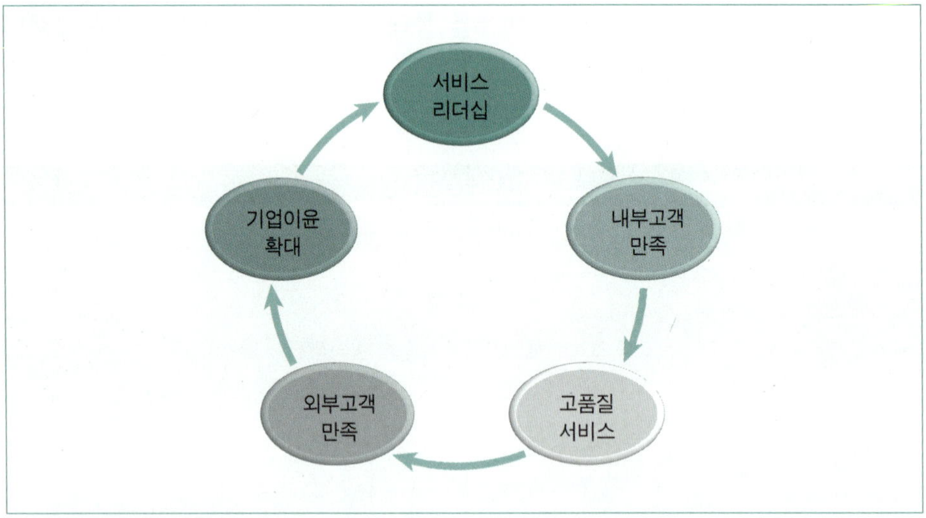

(2) 서비스리더십의 핵심요소

서비스리더로서 갖추어야 할 서비스 신념(Concept), 태도(Mind), 능력(Skill)을 이야기하는 것으로, 이 3가지 요소가 상호조화를 이룰 때 고객만족이 이루어질 수 있게 된다. 이것을 공식으로 'C×M×S=고객만족'으로 표현할 수 있다.

① **서비스신념**(Service Concept): 서비스리더십의 기초를 세워주는 철학과 전체가 공유해 나가고자 하는 비전, 그리고 이를 위해 현재를 어떻게 고쳐나갈 것인가 하는 변화혁신이다.

② **서비스 태도**(Service Mind): 파트너십을 형성하고 만족을 주고 싶은 마음 상태나 자세를 말한다. 이러한 마음이 갖추어질 때, 리더의 행동은 자연스럽게 고객의 만족을 유도하는 쪽으로 이루어지게 된다.

③ **서비스 능력**(Service Skill): 고객의 욕구를 파악하고, 이를 충족시키기 위해 필요한 서비스 창조능력(Service creation skill), 관리운영능력(Operation Skill), 인간관계형성 및 개선능력(Relation Skill)을 말한다.

(3) 서비스리더십의 사례

사례연구

월도프 아스토리아 호텔 사례연구

"이 호텔은 당신이 경영하도록 내가 지은 것입니다"

비바람이 몰아치는 늦음 밤에 미국 필라델피아의 작은 호텔에 노부부가 들어와 종업원에게 "예약은 안 했지만 혹시 방이 있느냐"고 물었다. 종업원은 호텔에 방이 없다며 노부부를 위해 다른 호텔에 방이 있는지 알아보았다. 하지만 그 근처 어느 호텔에도 방이 없었다.

늦은 밤 노부부에게 "객실이 없습니다만, 비도 오고 새벽 1시나 되는 늦은 시간이니 누추하지만 제 방에서 주무시면 어떨까요"라고 말하였다.

다음날 체크아웃하면서 노신사는 종업원에게 감사의 표현으로 "당신은 미국에서 제일 좋은 호텔 사장이 되어야 할 분 같군요"라고 칭찬의 말로 고마움을 표시하였다.

그리고 2년 후 그 종업원은 뉴욕행 비행기표와 함께 노신사의 편지를 받았다. 노신사는 호텔 주인 윌리엄 월도프 아스토였고, 종업원의 이름은 조지 볼트였다. 조지 볼트는 월도프 아스토리아 호텔의 총지배인이 되었다.

표 4-2 삼성에버랜드 사례연구

핵심 요소	세부 요소	내 용
서비스 신념	철학	서비스 제공자와 수혜자의 비공식 관계(Partnership)에 대한 가치관으로, 수평적 관계에 더 많은 가치를 두는 것
	비전	고객만족을 위해 내 · 외부 고객이 함께 실천하고 공유할 비전을 만들고 실천함
	변화/혁신	조직 속에 내재한 비서비스적인 요소들을 부단히 혁신해 나감

핵심 요소	세부 요소	내 용
서비스 태도	열정	긍정적이고 적극적으로 고객과 서비스를 통해 파트너 관계를 수립하고자 노력하는 마음
	애정	파트너 관계 형성을 위한 헌신적 노력과 그 과정에서 보람과 행복을 느끼는 태도
	신뢰	고객에 대한 자발적인 관심과 배려, 고객만족으로 파트너의 관계로 만들려는 자세
서비스 능력	창조능력	계속적으로 고객만족형 서비스를 새로 만들어 내는 능력
	운영능력	일상적으로 서비스를 운영하기 위해 필요한 업무 및 서비스에 대한 전문능력
	관계능력	고객만족형 서비스로 만들기 위한 인간관계능력

2) 새로운 서비스 창출기법

(1) 고객만족향상을 위한 서비스회복전략

성공적인 서비스 회복(Service Recovery)의 전략으로 다음과 같다.

① 직원교육을 통한 효과적인 사전 · 사후 고객불만을 관리한다.

② 진실의 순간인 첫 대면 시, 고객의 입장을 이해하고 공감하는 감성적인 접근을 한다.

③ 접수된 고객불만을 체계적으로 정리하고 공정히 처리한다.

④ 차별화된 고객불만관리를 한다.

⑤ 고객불만을 고객만족활동의 보완 및 기업 내부 혁신 활동의 기회로 간주한다.

(2) 서비스 회복의 3단계

표 4-3

회복 전 단계	서비스 실패가 발생할 때부터 서비스 제공자가 실패를 인지할 때 끝나며, 이 기간은 매우 짧을 수도 있고 몇 달이 될 수도 있다. 이 기간 동안 고객들은 서비스 회복에 대한 기대를 형성한다.
회복 단계	서비스 제공자가 서비스 실패를 인지하는 시점에서 시작되어 고객에게 조치를 취함으로써 끝이 나며, 빠르고 적절한 조치를 취해 주는 데 초점이 맞추어져야 한다.
회복 후 단계	회복을 받을 후의 단계는 회복의 성공 여부에 따라 필요하지 않을 수도 있다.

(3) 서비스 회복 전략

- 고객이 불만을 쉽게 토로할 수 있게 한다.
- 고객의 불만족에 대한 적절한 대처방식을 디자인한다.
- 고객불만의 재발 방지를 위한 방안을 마련한다.
- 불만처리에 대한 상황을 경영층에 전달하는 체계를 구축한다.
- 반응성과 고객 접근성을 높이기 위해 서비스 회복기준을 수립한다.
- 고객접점 종업원들이 고객불만을 효과적으로 처리할 수 있도록 권한을 부여한다.
- 콜센터나 인터넷 웹사이트와 연계된 고객 데이터베이스를 구축하고 활용한다.

학습 및 토론과제

1. 팀원들과 예비창업을 준비과정을 도출합니다. 최근 관심 있는 분야의 틈새시장을 노려 사업구상을 해봅니다.

2. 위의 틈새시장 전략을 구상 후 조직의 서비스리더십의 핵심요소인 서비스 신념(Concept), 태도(Mind), 능력(Skill)이라는 3가지 요소를 상호 협력하여 만들어 봅니다.

서비스 신념 (Concept)	
태도(Mind)	
능력(Skill)	

PART

02 고객만족전략

Chapter 05

고객만족 혁신전략

Chapter 06

고객만족 품질관리

Chapter 07

고객만족 컨설팅

Chapter 08

고객만족전략 및 사례분석

Chapter 05

고객만족 혁신전략

학습목표

1. 고객시장 세분화는 전략적 마케팅 기획의 기초를 이해한다.
2. 전략적 세분화전략으로는 시장세분화(Market Segmentation), 표적시장의 설정(Targeting), 포지셔닝(Positioning)의 시장접근 전략을 설명할 수 있다.
3. 고객만족 마케팅을 위한 시장분석과 차별화전략 시스템의 필요성을 이해할 수 있다.

알아봅시다

❶ 시장 세분화(STP: Segmentation Targeting Positioning)전략이란 시장을 비슷한 유형의 작은 단위로 나누는 것이다. ☐ Yes ☐ No

❷ 표적시장(Targeting)의 설정은 하나 이상의 기준에 따라 시장을 세분화한 뒤에는 그중 어떤 시장을 주된 마케팅 대상으로 할 것인지를 결정하는 마케팅 전략이다. ☐ Yes ☐ No

❸ 관계마케팅은 장기적으로 고객과 유대관계를 형성하고 고객을 이해하는 마케팅 개념이다. ☐ Yes ☐ No

❹ 고객경험관리(CEM: Customer Experience Management)는 기업이나 제품과 관련된 고객의 경험을 전략적으로 관리를 바탕으로, 기업 내부를 고객 중심적으로 혁신해 나가는 경영전략이다. ☐ Yes ☐ No

1. 고객분석 및 기획

1) 시장 세분화전략

시장 세분화(STP: Segmentation Targeting Positioning)란 시장을 비슷한 유형의 작은 단위로 나누는 것이다. 세분화 전략으로는 시장 세분화(Market Segmentation), 표적시장의 설정(Targeting), 포지셔닝(Positioning) 등으로 이어지는 일련의 시장접근 전략을 말한다. 여기서 작은 단위로 세분화하는 기준은 다양하다. 우선 쉽게는 나이, 성별, 교육수준, 가족관계, 소득수준, 거주지역 등 인구통계적인 내용으로 세분할 수 있다. 그밖에 소비 형태, 어떤 사안에 대한 관심이나 견해, 사회계층, 가족생애주기 등의 단위로 세분화할 수도 있다.

시장 세분화를 하는 이유는 무엇보다 마케팅에 활용할 수 있는 자원이 한정되어 있기 때문이다. 한정된 인력과 시간과 재원을 가장 반응도가 높을 것으로 예상되는 세분시장에 집중함으로써 그 효과를 높이고자 하는 것이다.

시장 세분화를 할 때 유의해야 하는 요소로는 다음과 같은 것들이 있다(Kotler, 2007).

① **상호배타성**: 세분화된 시장들이 상호 겹치지 않아야 한다.

② **포괄성**: 일단 어떤 기준에 따라 세분화된 시장에서는 그 안의 모든 관객을 포괄 할 수 있어야 한다.

③ **측정성**: 어떤 세분시장 내의 소비자들의 규모, 전략, 구매력, 특성 등을 측정할 수 있어야 한다.

④ **지속성**: 세분화된 시장이 상당 기간 동안 그 특성을 유지하고 있어야 한다.

⑤ **접근성**: 적정한 비용의 마케팅 수단으로 세분시장별 접근이 가능해야 한다.

2) 시장 세분화의 기준

(1) 성별에 따른 세분화

가장 대표적인 시장 세분화는 성별에 따른 시장 세분화이다. 예를 들어, 미술관의 경우 여성 관람객이 차지하는 비중이 큰 편이다. 대체로 3분의 2 정도가 여성 관람객으로 추정된다. 하지만 나머지 3분의 1을 차지하는 남성 관람객의 경우 실제 마케팅 대상, 즉 표적시장에서는 제외되는 경우가 많다.

(2) 편익에 따른 세분화

시장 세분화의 기준으로 이러한 질을 중요시하는 소비자들은 주로 입장권의 가격을 고려하는, 즉 경제성을 따지는 관객과 구분될 수 있다. 가격을 중요시하는 소비자라면 입장권 가격이 얼마이고, 할인 혜택은 어떻게 있는지에 관심을 가질 것이다. 또 다른 경우로 외적인 서비스의 내용에 주로 관심을 갖는 관객도 있다. 주변 교통편, 식사나 쇼핑과 같은 원스톱 서비스(One-stop service)처럼 소비자는 주변의 추가서비스에 대한 것들에 대해 관심을 갖는다.

(3) 시기에 따른 세분화

12월 크리스마스와 같은 특정한 시즌에 따른 세분화를 말한다. 크리스마스뿐 아니라 설이나 추석, 어버이날, 어린이날, 발렌타인 데이 등에 따라 시장을 세분화할 수 있다.

(4) 충실도(Loyalty)에 따른 세분화

기업에 대한 열성적이고 집중적인 구매의사나 관심을 보이는 관람객 등을 보유한 것들이 있다.

3) 표적시장(Targeting)의 선택

이상의 기준에 따라 시장을 세분화한 뒤에는 그중 어떤 시장을 주된 마케팅 대상으로 할 것인지를 결정하여 마케팅 전략을 세우게 된다. 즉, 마케팅 담당자는 각각의 세분시장에 대해 각각 얼마나 많은 재정적 · 인적 투자를 할 것인가를 결정해야 한다. 이를 표적시장의 선택이라고 한다.

표적시장을 선택하는 경우 한 시장만을 선택해 그에 집중할 수도 있고, 여러 개의 시장을 선택해 각각 다양한 마케팅 전략을 구사할 수도 있다. 대체로 표적시장을 어떻게 설정하는가 하는 것은 마케팅을 위해 투입할 수 있는 자원이 얼마나 되는가 하는 것과 직접적으로 연계된다.

4) 포지셔닝(Positioning)전략

포지셔닝이란 어떤 상품이 시장에서 고객의 마음속에 다른 상품들과 차별성을 가지고, 특정한 위치를 차지하여 인지되도록 하는 것을 말한다. 포지셔닝의 내용은 인지화와 차별화로 설명할 수 있다. 즉, 표적시장이 설정되고 나면 그 시장에 공급하고자 하는 상품에 대해 그 시장 내의 잠재 소비자들에게 일단 인지가 되어야 하며, 나아가 그 상품이 다른 상품에 비해 어떤 차별적 특성을 갖는지를 알려주어야 하는 것이다. 이러한 포지셔닝은 특정한 상품의 구매행동에 큰 영향을 미치게 된다.

(1) 서비스 포지셔닝의 원칙

① 기업은 목표로 하는 고객의 마음 속에 하나의 포지션을 가져야 한다.
② 그 위치는 단순하면서도 일관된 메시지를 제공하는 독특한 것이어야 한다.
③ 그 위치는 다른 경쟁사들과 자사를 구별시켜 줄 수 있어야 한다.
④ 그러나 하나의 회사가 모든 사람에게 모든 것이 되어 줄 수는 없다.

(2) 포지셔닝의 사례분석

① 기능적 특성에 의한 포지셔닝

가장 고전적인 포지셔닝에 속한다. 글자 그대로 상품 자체가 가지고 있는 특성 자체를 중심으로 포지셔닝하는 것이다.

② 상징적 속성에 의한 포지셔닝

이는 기능적 속성에 더하여 그러한 상품을 새로운 어떤 상징으로 포장하여 포지셔닝하는 것이다.

③ 사용 상황에 의한 포지셔닝

어버이날, 어린이날이나 크리스마스처럼 특정한 상황에서 포지셔닝하는 것이다. 스타벅스 사례를 살펴보자.

사례연구

스타벅스 사례

스타벅스 로고가 찍힌 컵만 들고 다녀도 수준 있는 커피매니아로 인정받을 정도로 완벽한 포지셔닝 전략을 구축하였다. 스타벅스는 직원들에게 언제나 "무조건 예스(Just say yes)"라고 말할 수 있는 권한을 주고 있다. 물론 예라는 대답을 함으로써 생기는 경과에 대해서는 회사가 책임진다. 이러 경우 회사의 방침과 고객의 요구가 같아지기 때문에 문제가 발생하지 않고, 직원은 충분한 권한을 갖고 고객만족을 위해 나름대로 재량권을 발휘하게 된다. 이렇듯 든든한 뒷받침은 고객불만에 대한 신속한 처리로 신뢰성이 구축되고, 이로 인해 단골(충성)고객 확보로 이어지게 된다.

출처: http://www.istarbucks.co.kr

2. 관계마케팅의 이해 및 관리

1) 관계마케팅의 정의

관계마케팅은 기업이 가지고 있는 판매 위주의 거래 지향적 사고에서 벗어나, 장기적으로 고객과 유대관계를 형성하고 고객을 이해하는 것부터 마케팅이 시작되어야 한다는 개념이다. 고객을 확보하고 경쟁기업보다 우월한 성과를 수행하는 데 있으며, 오직 고객 지향적 기업만이 제품을 개발하는 일뿐만 아니라 고객을 유지하는 데 유리한 위치에 있어야 한다.

기존의 마케팅과 비교했을 때, 관계마케팅은 다음과 같은 측면에서 차이가 있다(이유재, 1998).

첫째, 고객을 보는 시각에서 기존 마케팅이 고객을 단지 자사 제품을 소비해 주는 대상으로 생각한 반면, 관계마케팅은 고객을 기업이 하나의 동반자로 생각하고, 고객과의 장기적 관계를 유지함으로써 자연스러운 수익을 창출하고자 한다는 것이다.

둘째, 고객과 기업 간의 의사소통에서 기존 마케팅은 기업이 매스미디어를 통하여 고객에게 일방적 메시지를 전달하는 반면에 관계마케팅은 다양한 수단, 예컨대 우편물 발송 혹은 전화연락 등을 통한 쌍방향 커뮤니케이션(Two-way Communication)을 강조하는 것이다. 고객으로부터 정보의 흐름이 중요시되고, 고객에게 서비스 차별화의 기초가 된다.

셋째, 규모의 경제(Economy of Scale)에서부터 범위의 경제(Economy of Scope)로의 전환으로, 기존의 마케팅은 대량판매, 대량생산에 의해 규모의 경제를 지향했었지만, 관계마케팅은 한 고객에게 다양한 제품을 판매하고 거래기간을 장기간 유지, 발전시키는 범위의 경제를 도모하고 있다.

넷째, 관계마케팅에서의 마케팅 성과 측정지표가 기존의 마케팅 시장점유율에서 고객점유율로 바뀌었다.

다섯째, 관계마케팅은 관리의 초점이나 차별화가 제품뿐 아니라, 고객으로 확산된다. 그는 이러한 관계마케팅과 기존 마케팅과의 차별화가 곧 관계마케팅 전략의 우위를 의미한다고 보았다.

여섯째, 마케팅 활동을 일방적인 교환모델로 보는 것이 아니라, 관련기관(사람)과의 상대적 관계로 보기 때문에 관계관리를 중요시한다.

2) 관계마케팅의 목적

구분	내용
신규고객의 창출 (Attraction)	고객의 기대나 욕구 선호를 기준으로 시장을 세분화하여 관계를 구축할 수 있는 최적의 표적시장을 파악
기존 고객의 유지 (Retention)	고객의 욕구를 잘 이해하고 이를 자사의 서비스에 반영. 고객만족에 의한 반복구매를 통한 고객관계 유지
고객관계의 강화 (Enhancement)	특정 기업의 제품이나 서비스에 만족하여 계속관계유지 및 충성고객관계. 기업의 고객점유율과 시장점유율 및 이익기반 영향

3) 관계마케팅의 특성

① 신규고객의 창출보다 기존 고객의 유지관리에 초점

② 고객과의 단기적 교환보다 장기적 관계를 통한 수익창출 지향(장기적인 고객생애가치(LTV: Life Time Value))

③ 고객을 기업의 동반자로 인식

④ 거래의 성과보다는 고객과의 관계형성 및 유지, 강화에 둠

⑤ 고객접점에서 내부마케팅과 상호작용을 중요시, 품질차원에서는 기술적 질보다는 기능적 질 또는 과정의 질을 중요시함

⑥ 규모의 경제에서 범위의 경제(Economy of Scope)로 전환

⑦ 마케팅 성과의 지표가 시장점유율(Share of Market)에서 고객점유율(Share of Customer)로 전환

4) 매스마케팅과 관계마케팅의 비교

표 5-1 매스마케팅과 관계마케팅

구 분	매스마케팅 (Mass Marketing)	관계마케팅 (Relation Marketing)
수익원천	• 상품 • 우수한 상품개발 및 판매가 기업의 성장	• 고객 • 고객에 대한 응대가 기업의 사활을 결정
고객접근방법	융단폭격기	미사일식
매출증대의 관점	시장점유율 중심	고객점유율 중심
성과평가의 관점	단기적 성과 중심	장기적 관계 중심

*매스(Mass)마케팅이란?
불특정 다수를 대상으로 한 마케팅을 말함. 개개인의 욕구를 충족시키기보다는 다수를 목표시장으로 한 마케팅 방법

5) 관계 마케팅의 효과

(1) 기업의 측면

- 장기적 고객관계 유지로 경제성 확보
- 고객참여를 통한 고객가치증대
- 고객관계를 통한 시장세분화 전략
- 장기적 관계의 강화로 경쟁기업에 대한 교체장벽 구축

(2) 시장 측면

- 고객에 대한 정보 축적하여 개별화된 서비스 제공
- 고객의 지각가치와 관계가치를 극대화
- 고객의 의사결정의 효율성을 높이고 지각된 위험요소 감소
- 고객충성도와 수익기반을 확보하여 긍정적 구전효과
- 관계파트너들과 좋은 유대관계가 경쟁우위의 원천

(2) 경쟁 측면

- 전략적 제휴 등의 수평적 협력관계를 통해 위험과 비용절감
- 기업간의 협력관계를 통해 규모의 경제성, 생산합리화, 기업간 비교우위를 활용한 원가절감
- 공동연구개발 및 기술적 시너지 효과
- 속도의 경제성 향상
- 수평적 협력관계 구조가 경쟁우위의 원천

3. 고객경험관리

1) 고객경험관리(CEM: Customer Experience Management)

기업이나 제품과 관련된 고객의 경험을 전략적으로 관리해, 고객경험 이해를 바탕으로 기업 내부를 고객 중심적으로 혁신해 나가는 경영전략이다. 고객경험관리(CEM)는 고객관리관리(CRM)의 다음 단계이다. 고객과의 관계를 중심으로 데이터베이스를 구축하는 CRM과 달리, 고객이 어떻게 생각하고 느끼는지를 파악하기 위해 매장방문, 구입, 구입 후 이용 등 거래 단계별로 고객이 무엇을 보고 느끼는지를 파악해 이를 토대로 고객경험 데이터베이스를 구축하는 것이 핵심이다.

2) 고객경험관리로 서비스 극대화

① 고객이 눈, 귀로 느낀 욕구를 제품에 담아라.

- 하버드 비즈니스리뷰(HBR)는 고객경험의 이해(Understanding Customer Experience)에서 '고객경험관리'에 중점을 둬야한다고 강조한다.
- 기업 가운데 80%가 자사의 고객만족도가 '최상'일거라 예상했지만, 소비자를 대상으로 기업서비스만족에 최상이라고 8%만이 대답했다.

② 고객관계관리(CRM)와 고객경험관리(CEM)의 가장 큰 차이점은 소비자와 기업 가운데 누구의 시각이 중요시 되느냐이다.

- 측정시점도 다르다. CRM은 소비자가 구매가 끝난 시점에서 이뤄지는 반면, CEM은 소비하기 전, 제품이 만들어지기 전에 경험 욕구가 측정된다.
- 미국 통신업체 버라이존 Treo 사례를 보면, 휴대폰과 전자수첩 결합상품의 배터리 소모가 발생했다. 고객서비스부터는 고객경험정보를 제품개발부서에 보냈고, 배터리를 이용자 교체방식으로 바꾼 차세대 트레오를 만들었다. 버라이존의 매출은 전년 대비 71% 성장했다.
- 고객경험정보의 유형은 정보의 속도와 수집에 따라 과거, 현재, 잠재 경험정보로 나뉠 수 있다.

출처: http://blog.naver.com/PostView.nhn?blogId=kyoung161&logNo=100164200845

3) 혁신전략의 사례

(1) '월트 디즈니(Walt Disney)'의 CEM 사례

월트디즈니는 어떻게 고객들을 감동시켰을까? 이는 다음 두 가지 분석을 통해 살펴볼 수 있다.

그림 5-1 월트 디즈니

출처: http://blog.naver.com/hello5220/220055280334

① **패스트패스시스템**(Fast Pass System)

디즈니의 패스트패스시스템은 고객들이 놀이기구를 기다리는 데서 발생하는 지루함과 불편함을 없앴고, 이로 인해 고객만족도가 상승하였다. 예약 방법으로는 고객으로 하여금 웹상에서, 혹은 모바일로 미리 놀이기구의 탑승경로와 시간을 정하여 예약 가능하다.

② **디즈니에는 '캐스트**(Cast member)**'가 있다**

디즈니에서 일하는 직원들은 모두 '캐스트'라고 불린다. 이는 디즈니의 경영철학과 연결될 수 있는데, '부모와 자녀가 함께 즐길 수 있는 지상에서 가장 행복한 경험을 제공하는 것'이 바로 그것이다. 디즈니의 직원들은 단순한 직원이 아니라, '디즈니'라는 무대 위에서 환상적인 경험을 제공해주는 '배우'이다. 실제로 디즈니랜드의 입구에는 '여기서부터 당신은 오늘을 떠나 어제와 내일, 그리고 환상의 세계로 들어갑니다'라는 팻말이 적혀져 있다.

(2) 리츠칼튼 호텔

그림 5-2 리츠칼튼 호텔

리츠칼튼의 모든 체인점에는 한두 명의 고객 코디네이터(Guest recognition coordinator)가 근무한다. 이들의 주요 업무는 자기 호텔에 머무르는 고객의 개인적 취향에 대해 조사하고, 고객별로 차별화된 서비스의 제공을 위해 이를 활용하는 일이다. 고객 코디네이터가 일하는 방식을 살펴보자. 그들은 매일 아침 호텔 내의 간부회의에 참석하여 지배인, 객실 관리자, 식음료부 관리자 및 기타 관계자들에게 당일에 투숙할 고객에 대해 자기가 입수한 모든 정보를 제공한다. 예를 들어, 투숙예정 고객이 과거에 체인 내의 어떤 호텔에 투숙하였을 때 아침 일찍 특정 신문을 넣어달라고 부탁한 적이 있다면, 별도의 요청이 없더라도 이 손님이 머무르는 객실에는 그 신문이 새벽에 배달된다. 마찬가지로 캔디나 초콜렛을 좋아하는 고객이라면, 이들을 작은 상자에 담아 미리 객실에 갖다 놓는다.

직원들이 근무 중에 관찰한 사실도 고객정보를 보충하는 데 이용된다. 모든 직원들은 항상 고객취향 수첩(Guest preference pad)이라는 작은 수첩을 갖고 다니는데, 고객서비스 향상에 도움이 될 가능성이 있다고 생각되는 사실을 발견하는 즉시 여기에다가 기록한다. 예를 들어, 청소부가 객실 정리를 하다가 테니스 라켓과 신발 및 테니스 잡지가 방 안에 있는 것을 보았다면 "301호실에 투숙한 버틀러 씨가 테니스를 좋아하는 것 같다"라고 기록한 뒤, 이를 고객 코디네이터에게 전해 준다. 이를 전달받은 코디네이터는 해당 직원에게 테니스장 개방시간과 고객에게 도움이 되는 기타 서비스 정보를 제공해 주라고 주의를 환기시킨 다음, 이 정보를 데이터베이스에 입력한다. 체인 호텔들이 이러한 고객정보 데이터베이스를 공유하고 있기 때문에, 이 고객이 어느 곳에 있는 리츠칼튼 호텔에 다시 투숙하게 되더라도 동일한 서비스를 제공받을 수 있다.

호텔 내의 특정한 일이나 서비스에 대해 불만을 제기한 고객에 대해서는 특별히 신경쓰고 있다. 예를 들어, 어떤 고객이 무엇인가에 대해 불평하거나 화를 낼 경우, 이 고객을 상대한 직원은 사건의 경위와 고객의 불만원인 및 이를 해결하기 위해 자신이 무엇을 어떻게 조처했는지를 기록용지에다가 상세히 기입한다. 이 정보를 활용하면 같은 고객에게 동일한 실수가 재발되는 것을 방지할 수 있다. 예를 들어, 아틀란타에 있는 호텔에서 불만을 토로하였던 고객이 캔사스에 있는 체인 호텔에 숙박예약을 했다면, 캔사스의 코디네이터는 고객이력 데이터베이스를 통해 이 사실을 알 수 있다.

(3) 월마트의 실패사례

① 월마트(Walmart)의 한국 진출 실패사례분석

- 1998년 국내 입점 8년 만에 철수를 결정한다.

그림 5-3 월마트

② 핵심요소

- 낮은 가격 할인유통시장
- 창고형 매장을 통한 제반비용절감
- 고객이 직접 선택해서 운반

③ 실패요소

- 창고형의 높은 진열대
- 직원의 부재
- 직접운반 거부감

월마트는 1년 매출이 우리나라 1년 국가예산을 넘는 초우량 기업이다. 그러나 1998년 국내 시장에 진출해 만 8년을 채우지 못하고, 2006년 5월 월마트는 월마트코리아의 16개 매장과 지분 전체를 이마트에 매각하고 한국을 떠났다.

할인유통시장의 월마트는 낮은 가격이 핵심요소이다. 창고형 매장을 통한 제반비용절감은 고객이 직접 선택에서 운반을 직접하는 시스템이다.

그러나 창고형의 높은 진열대, 직원의 부재, 직접운반은 우리나라 고객들의 서비스경험과 다른 시스템으로 고객의 눈높이에 맞지 않는 제로서비스(Zero-service)로 기억되었고, 결국 입점 8년 만에 철수하였다.

(4) 이색카페 '퍼스트 클래스 힐링체험카페'의 CEM 사례

사전서비스 예약시스템에서 현장서비스 사후관리까지 서비스 전반의 프로세스를 관리하는 고객경험관리를 실천하고 있는 힐링카페이다. 이색 카페에서는 비행기 퍼스트 클래스의 실내내부를 활용하여, 마사지와 카페를 동시에 즐길 수 있도록 준비하였다. 고객의 힐링경험을 최대화하기 위해 퍼스트 클래스의 이미지를 활용한 이색 카페이다.

그림 5-4 퍼스트 클래스 소개

해당 서비스 프로세스를 살펴보면 다음과 같다.

그림 5-5 퍼스트클래스 프로세스

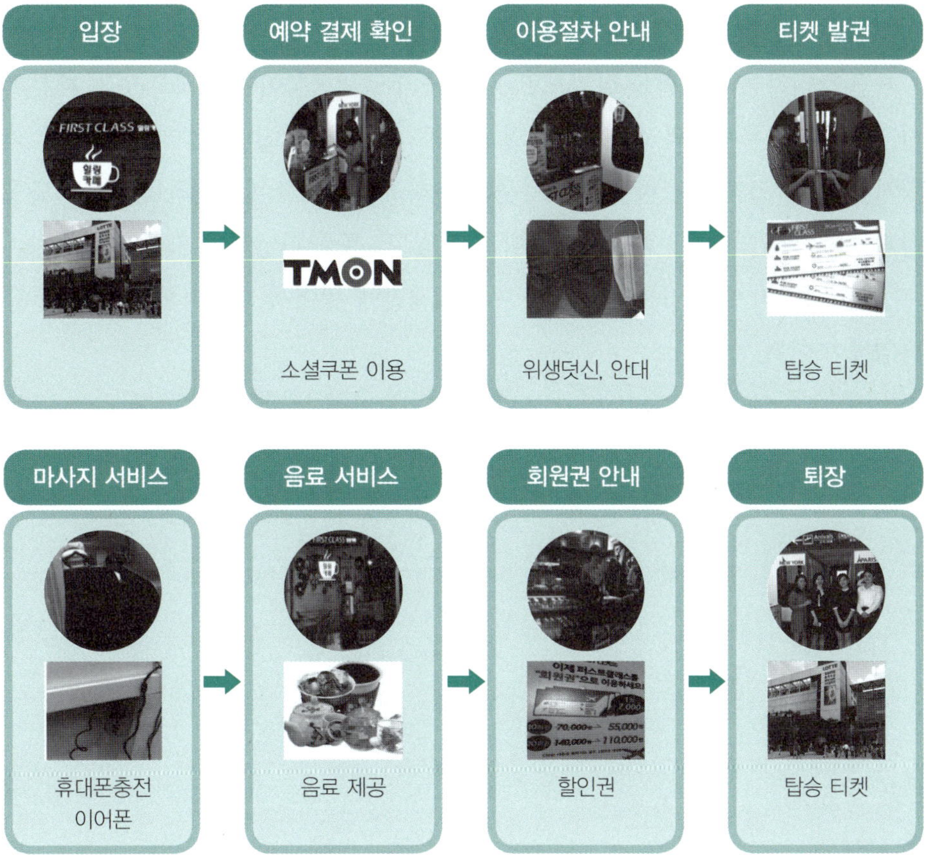

(5) GM자동차 여성고객 정비교실 운영사례

그림 5-6 한국GM자동차가

출처: http://blog.daum.net/0166230267/11006046

한국GM자동차가 여성운전자를 대상으로 자동차 정비 및 안전운전방법에 대한 교육을 실시하였다. 맞춤타깃을 통해 여성운전자의 정비실력향상에 도움을 주기 위한 교육이다. 교육내용은 안전을 우선한 자동차 운전요령, 경제적인 운전 및 차 관리요령, 응급상황 발생 시 대처법 등 여성운전자로서 꼭 알아둬야 할 사항을 이론 및 실습 형태로 교육받게 된다.

더불어 여성고객을 사로잡기 위해 핑크색 차량을 출시한다. 많은 기업들은 여성고객을 사로잡기 위해 고분분투하고 있다.

최근 소비자들의 변화를 살펴보면, 여성들의 소비핵심이 부각되고 있기 때문이다. 더불어 소득수준의 향상과 주5일 근무로 인한 레저소비의 증가는 다양한 색상과 다양한 고객층의 타깃 마케팅을 요구하고 있다. 소비자들의 심리트랜드를 살펴보면, 개인의 행복추구권이 높아지고 있고, 욕구 다양화와 자신만의 가치를 추구한다. 따라서 기업들의 상품과 서비스개발에 있어서 소비자들의 심리를 잘 반영해야 한다.

학습 및 토론과제

1. 최근 방문했던 서비스접점의 이색경험사례가 있는지 공유해 봅시다.

2. 표적시장(Targeting)전략으로 여성, 노인, 청소년을 위한 현장의 차별화서비스를 기업사례로 찾아봅시다.

Chapter 06

고객만족 품질관리

학습목표

1. 고객만족도 평가시스템의 필요성을 이해한다.
2. 고객만족의 여러 가지 측정방법을 이해하고 분류한다.
3. 고객만족도 측정방법을 이용하여 결과를 활용한다.

알아봅시다

❶ 고객만족은 제공된 제품 또는 서비스를 획득하거나 소비함으로써 유발되는 욕구 및 요구(Needs and Wants)를 충족시키는 정도에 대한 소비자의 주관적인 평가이다. ☐ Yes ☐ No

❷ 고객만족지수(CSI: Customer Satisfaction Index)의 측정 목적은 제품 및 서비스 품질을 개선하기 위한 기업 내부의 프로세스 개선을 도모하려는 목적이 있다. ☐ Yes ☐ No

❸ 순수추천고객지수(NPS: Net Promoter Score)는 순수추천 고객지수 또는 촉진자 지수로 충성도가 높은 고객을 얼마나 많이 보유하고 있는지를 나타내는 지표이다. ☐ Yes ☐ No

1. 고객만족도 평가시스템 구축

1) CS 평가시스템의 개념

고객만족 평가시스템(Customer Satisfaction Evaluation System)이란 고객만족에 기여한 내부 경영활동의 과정(Process)과 결과(Result)를 고객관점에서 평가하는 기법으로, 고객이 만족한 정도를 측정함은 물론, 평소의 업무 속에서 고객만족을 위해 노력한 내부활동에 대해서도 평가할 수 있는 균형 잡힌 평가방식이다.

(1) CS 평가시스템의 필요 기업

① 평가시스템을 통해 CS를 조직문화로 정착시키고, 조직원의 실천을 유도하고자 하는 기업

② 매출 성과와 효율성 위주의 기존 평가시스템에서 고객관점의 평가요소를 반영하고자 하는 기업

③ CS에 대한 원인, 과정, 결과지표 등을 체계적으로 분류하고 구성하여 서비스 개선에 활용하고자 하는 기업

2) CS 평가시스템 프로세스

(1) 1단계 – 고객요구정의

기존의 VOC(Voice of the Customer) 자료에 대한 수집 및 분석과 고객접점 및 서비스 현상에 대한 진단을 통해 원시데이터를 수집하고, 고객요구품질을 추출한다.

(2) 2단계 – 고객조사

고객요구를 반영하여 설문지를 개발하고, 각 고객별 조사를 통해 고객의 기대

와 만족의 정도를 파악한다. 일반적으로 외부고객만족도(CSI) 조사와 내부부서만족도(ICCS) 조사를 시행한다.

(3) 3단계 – CS 평가지표 개발

주요 고객요구와 핵심관리요소(CSF)를 도출하고, 대표성 및 전략적 중요성 등을 고려하여 평가지표를 도출한다. 또한 평가지표별 측정기준이 되는 KPI를 개발한다.

(4) 4단계 – CS 평가시스템 실행체계 구축

각 지표별 DATA Gathering 방안을 마련하고, 평가설계(대상, 주기, 도구 및 방법 등)를 구체적으로 마련하며, 시험테스트(Pilot Test)를 통해 문제점을 보완하여 완성한다. 또한 사내 공유를 위한 프레젠테이션(Presentation)을 실시한다.

(5) 5단계 – CS 평가시스템 실행

전사, 부문, 팀, 개인 단위의 지표별 목표를 설정하고, 구체적인 실행계획(Action Plan)을 수립하여 활동을 전개한다. 이후 실행에 대한 성과를 분석하고, 새로운 평가시스템에 따라 평가와 보상을 시행한다.

그림 6-1 CS 평가시스템

3) 평가시스템의 구축효과

자발적인 CS활동 참여	기존의 재무적 성과위주의 평가에서 벗어나 경영성과에 영향을 준 평소의 CS
고객지향적 기업 표준화 조성	고객에게 좋은 서비스를 제공한 정도와 노력에 따라 대우받는 문화를 조성함으로써 경영활동 자체를 고객지향적으로 변화하는 데 기여
객관적이고 공정한 평가	특정 시점의 단편적인 서비스 평가에서 벗어나, 평소의 업무 속에서 고객만족을 위한 활동과 그 결과에 대해 다차원적으로 평가하므로 객관성과 공정성 확보

4) 정량조사

- 마케팅조사도 조사의 방법에 따라 크게 정량(Quantitative)조사, 정성(Qualitative)조사, 관찰(Observation)조사로 구분할 수 있다.
- 정량조사에서 정량은 조사의 결과를 양적으로 표현하는 것을 말한다.
- 전화조사, 1 : 1 개별면접조사, 우편조사, 온라인조사 등 비교적 많은 수의 응답자를 대상으로 조사한 내용을 집계하여 특정 질문에 대한 응답이 몇 % 혹은 평균 몇 점 등과 같은 형식으로 분석하게 된다.
- 정량조사에서 가장 중요한 점은 바로 표본의 대표성이다. 즉, 조사대상의 전체가 아닌, 일부만을 표본으로 추출하여 조사를 진행하게 되므로, 일부의 표본이 전체를 대표할 수 있어야 한다.
- 표본의 대표성을 나타내는 정도를 '표본오차'라고 하며, 모든 형태의 정량조사는 표본오차가 존재하게 된다.
- 흔히 언론에서 접하게 되는 각종 여론조사나 선거조사 등은 모두 정량조사라고 할 수 있으며, 일부만으로 구성된 표본으로 전체 대상의 의견을 파악할 수 있다는 점이 가장 큰 장점이라고 할 수 있다.

5) 정성조사

- 정량조사를 통해 어떤 현상이나 사실에 대해 객관화하거나 검증을 할 수는 있으나, 그러한 현상이나 문제점에 대한 구체적인 원인이나 심층적인 정보를 얻는 데는 한계가 있다.
- 정성조사는 정량조사에서 파악할 수 없는, 보다 구체적인 내용을 얻고자 할 때 활용된다.
- 정성은 물질의 성분이나 성질을 밝히어 정함의 의미가 있으며, 정량조사에서 도출될 수 없는 현상의 질을 파악할 수 있다는 점이 정성조사의 가장 큰 장점이라고 할 수 있다.
- 대표적인 정성조사로는 FGD(Focus Group Discussion)와 In-depth Interview가 있으며, 소수의 응답자를 대상으로 비교적 장시간에 걸쳐 인터뷰를 하여 특정 이슈나 대상에 대한 응답자의 생각을 깊이 있게 파악하게 된다.

2. CS 평가조사

1) 고객만족지수(CSI: Customer Satisfaction Index)

(1) 정의

고객만족지수는 현재 생산, 판매되고 있는 제품 및 서비스 품질에 대해 해당 제품을 직접 사용해 보고, 이 제품과 관련된 서비스를 받아 본 고객이 직접 평가한 만족수준의 정도를 모젤링에 근거하여 측정 및 계량화한 지표이다.

(2) 고객만족지수(CSI)의 측정 목적

일반적으로 CSI를 측정하는 목적은 고객만족도의 수준을 파악하고, 시계열 변동의 원인을 관리함으로써 수익성과 밀접한 관계가 있는 고객유지율을 유지 및 제고시키는 데 있다. 제품 및 서비스 품질을 개선하기 위한 기업 내부의 프로세스 개선을 도모하려는 목적이 있다.

(3) 필요성

① 자사의 경쟁 관련 품질성과(Quality Perfomance) 연구
② 자사 및 경쟁사의 고객충성도 분석
③ 고객기대가 충족되지 않은 영역평가
④ 고객의 제품 및 서비스 가격 인상의 허용 폭 결정
⑤ 경쟁사의 CS 강/약점 분석
⑥ 잠재적인 시장진입장벽 규명
⑦ 효율성 평가 및 불만해소의 영향 분석
⑧ 고객유지율의 형태로써 예측된 ROI(투자수익률) 예측

(4) 추진절차

① 1단계: 사전준비 단계
- CS를 추진하기 위한 기반 마련
- 조직, 문화 이해, CS 인식의 진단

② 2단계: CS 추진기구의 편성
- CS 이념, 비전 설정
- 사내 CS 추진풍토의 조성
- CS 추진 Leader 양성

③ 3단계: 고객조사
- 내/외부고객의 Needs 분석 및 현상파악

- 고객 Needs의 흐름 전개
- 내/외부 외국의 만족도 측정 및 현상파악

④ 4단계: CS 실천전략 수립

- 고객: Needs와 기업활동 간 Gap 발견
- 고객만족향상을 위한 실천전략 및 과제신청

⑤ 5단계: 목표설정 및 CS 추진과제 실천안 설계

- 공감대 형성, 내부수용력 진단 및 목표달성
- 내/외부고객의 만족도 측정 및 현상파악

⑥ 6단계: CS 향상활동

- 현장실천활동
- 업무개선, 프로세서 개선활동

⑦ 7단계: 성과분석 및 차기전략 수립

- 실천내용 성과 및 효과분석
- 차기전략 수립

2) 순수추전고객지수(NPS: Net Promoter Score)

(1) NPS의 정의

NPS를 언어 그대로 번역하면 순촉진자(후원자) 지수 또는 순수추천 고객지수라고 할 수 있다. 즉, 충성도가 높은 고객을 얼마나 많이 보유하고 있는지를 나타내는 지표로서, 베인이 2004년 하버드 비즈니스 리뷰에 처음 소개하였다.

$$NPS = \frac{\text{적극적 추천 고객 수} - \text{비추천 고객 수}}{\text{전체응답자 수}} \times 100$$

(2) NPS의 필요성

- 기존 고객만족도 조사의 질문은 모호하다.
- 기업과 거래를 중단한 고객의 60~80%가 고객만족도 조사에서는 '만족한다'로 답했다.
- 고객만족도 조사의 결과가 아무리 좋아도 기업 성장률에는 기여하지 못한다.

(3) 적극적 추천고객(순촉진고객)

① 추천고객

- 비추천고객에 비해 더 많이, 더 자주 구매
- 자신의 만족을 주변에 적극적으로 퍼트림(구전)
- 높은 지갑점유율을 보임(자시의 총 가용금액 중 특정 기업에 소비하는 비중)
- 적극적 고객추천은 기업 '이익실현'의 차이를 만듦

② 비추천고객 + 중립적 고객

- 언제라도 선택을 바꿀 수 있는 고객
- 겉으로는 '만족해요' 하면서 불만을 감추려는 고객

(4) NPS 측정방법

① 질문은 1~2개 이내로 한다.

② 자율적인 의사 표시가 가능하도록 한다.

③ 일반적 질문

- 제품이나 브랜드를 주변 사람들에게 얼마나 추천할 것인가?
- A회사를 다른 사람에게 추천할 의향이 얼마나 있습니까?
- B사의 상품이나 서비스를 앞으로도 계속 구매할 의향이 있습니까?

그림 6-2 NPS 측정설문 예시

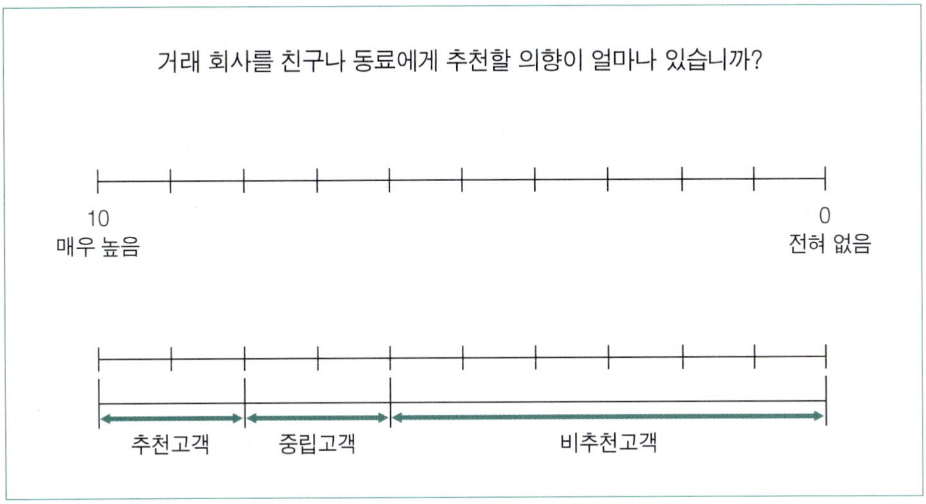

④ 조사방식

- 설문조사(출구조사) 형식
- 전화 리서치(콜센터)를 활용한 조사/ E-Mail 조사
- 거래자를 중심으로 한 조사(신규고객 및 기존 거래자)

(5) 한국 기업의 NPS 특성

① 한국 기업의 평균 NPS는 아시아권보다는 낮다.

② 한국 내 기업의 NPS 순위(2004~2005년)는 유동적으로, 전통적인 NPS 강자가 부재한 상태이다.

③ 한국 소비자의 특성은 인간관계와 감성을 중시한다.

④ 세분화된 서비스보다는 직원의 친절한 태도에 영향받는 고객이 많다.

(6) NPS로 인한 기업의 성과

① 미국 기업들의 평균 NPS는 5~10% 이다.

② Amex, E-bay, Dell, Southwest 등 급성장 기업들의 NPS는 50~80%이다.

③ Harley Davison의 NPS는 80%에 달한다.

ACSI(미국고객만족지수)

ACSI(American Customer Satisfaction Index)는 미국 소비자들의 만족지수를 의미하는 용어이다. 미국 고객 만족지수는 상품별, 산업별, 국가별로 비교 가능하도록 설계되어 있다. ACSI의 특징은 다른 측정모델과 달리 전반적인 고객만족도를 잠재변수로 측정하여 점수로 나타내는 것이다. 이는, 기업, 산업, 국가 간의 비교 가능한 경제지표로 활용할 수 있고, 이미 구매한 고객뿐만 아니라 차후 고객의 충성도를 확인하고 설명할 수 있는 지표이다.

3. 고객만족도 평가결과의 활용

1) CS 개선방안

고객만족도 평가결과의 미진한 내용 중에서 개선이 요구되는 핵심요소를 선정하여, 각 핵심요소별 주요 요구내용에 대한 개선과제를 도출한다.

(1) 1단계 – 개선요소 선정

① 고객만족도 내용별로 개선과제의 우선순위를 분류하여 개선방향을 설정

② 고객만족도 평가요소 중에서 만족도가 상대적으로 낮고, 중요도가 상대적으로 높은 만족도에 내용을 개선요소로 선정

(2) 2단계 – 주요 요구 선정

① 고객만족도에 대한 제언내용, 개선요구사항을 항목별로 분류하여 개선요소와 연관성을 평가

② 개선요소와 제언내용 중에서 상관도가 큰 만족도 내용을 업무별, 부서별로 구분

(3) 3단계 – CS 개선과제 도출

① 고객만족도 향상과 문제점 개선방안의 요소를 분류하여 전략과제 도출

② 핵심 업무별 또는 부서별 요구사항 및 만족도 수준의 상호 비교분석 도출

③ 주요 요구에 대한 현상, 문제점, 원인을 도출하고, 이를 해결하기 위한 CS개선과제 도출

④ 다양한 분석(분산분석, 파레토분석, 교차분석 등)활용을 통한 개선방향 제시

2) CS 평가의 활용

CS 평가시스템은 CS 경영 성공을 위한 방향설정과 이사 결정 기준을 제시한다.

① 고객의 인지 가치 및 요구를 파악할 수 있다.

② 고객의 만족정도를 측정할 수 있다

③ 고객의 만족정도 측정 결과에 대한 활용과 조직 내 피드백을 얻을 수 있다.

④ 고객만족평가시스템 업그레이드 및 관리를 지속적으로 활용할 수 있다.

사례연구

고객 입소문이 기업의 운명 가른다

어떻게 하면 고객들이 우리 제품을 사도록 만들 수 있을까. 이 문제는 모든 기업들이 늘 안고 몸부림칠 수밖에 없는 '숙명' 같은 것이다. 생사를 좌우하는 만큼 이 문제해결엔 언제나 기업 역량이 총동원되는 법이다. 고객의 마음을 잡느라 TV나 유능한 세일즈맨, 연예인, 기업 총수까지 동원되기도 한다. 그런데 여기엔 고금을 꿰뚫는 한 가지 진리가 숨어 있다. 아무리 많은 돈을 마케팅에 쏟아 붓는다 할지라도 고객들이 전하는 '입소문'을 당해내지 못한다는 것. 고객충성도를 평가하는 '순추천고객지수(NPS: Net Promoter Score)'가 주목받는 이유가 여기에 있다.

파이낸셜뉴스는 정당한 기업이 대접받는 사회를 만드는 데 작은 힘을 보태기 위해 언론사 최초로 기업들이 내세우는 상품을 대상으로 '순추천고객지수(NPS)'를 조사했다.

● NPS 보면 기업의 미래가 보인다

지난 2005년 미국의 자동차회사 제너럴 모터스(GM)는 권위 있는 고객만족도 조사기관 JD파워가 주는 상을 받았다는 사실을 대대적으로 떠들었다. 하지만 당시 GM의 시장 점유율은 하락했고, 채권은 정크본드로 하향 조정됐다는 소식이 전해져 사람들을 어리둥절하게 했다. 고객만족도와 기업의 성과가 반대로 나타난 단적인 사례다.

NPS는 이러한 기존 고객조사 방법의 한계를 극복하기 위해 '입소문'이라는 마케팅 개념을 세계적 컨설팅 업체인 '베인&컴퍼니'가 지표화한 것이다. 오늘날 많은 기업들이 고객들의 목소리를 듣기위해 이 기법을 이용한다.

NPS를 구하기 위해선 먼저 '거래하는 회사의 상품이나 서비스를 타인에게 추천할 의향이 얼마나 있습니까?'라는 질문을 고객에게 던져 0~10점의 점수를 매긴 답변을 받는다. 9~10점은 추천고객, 7~8점은 중립고객, 0~6점은 비추천고객으로 분류한 뒤, 추천고객 비중에서 비추천고객 비중을 차감해 NPS를 구한다. 이 수치가 크면 해당 기업이나 브랜드에 대한 충성도가 높다는 것을 의미한다.

하지만 NPS와 기업성과가 꼭 일치하는 것은 아니다. NPS 점수가 극과 극인 기업이라도 수익 규모가 같을 수 있다. 그러나 중장기적으론 NPS 점수에 따라 기업의 운명이 갈릴 가능성이 매우 높다. NPS가 높은 기업은 지속적인 성장을 달성할 것이며 낮은 NPS를 기록하는 기업은 퇴보할 것이라고 '베인&컴퍼니'는 말한다.

'베인&컴퍼니'는 낮은 NPS를 기록하고도 수익을 내는 기업을 '나쁜 이익을 내는 기업'

이라고 부른다. 당장 이익을 내더라도 그 제품이나 서비스가 고객을 짜증스럽게 한다면 그런 불만은 곧 다른 사람에게 전해지게 마련이고, 결국 그 기업은 얼마 가지 않아 타격을 입을 것이다.

통상적으로 기업 이익의 15~20%는 나쁜 이익으로 구성된다고 한다. 핵심은 이런 나쁜 이익을 파악해 이를 줄여 나가는 것이다. '베인&컴퍼니'는 흔쾌히 추천해 주는 고객의 비중을 꾸준히 늘리는 것이 대안이라고 말한다.

● NPS 높을수록 기업성장 쑥쑥

NPS라는 말을 내놓은 베인 팀은 NPS와 관련된 응답이 실제 추천이나 재구매 행동을 얼마나 정확하게 예측하는지 분석했다. 결과는 놀라웠다.

항공사의 경우, 1999년에서 2002년까지 3년 동안 NPS와 회사의 평균성장세는 높은 상관관계를 보였다. 특히 사우스웨스트 항공은 당시 50이 넘는 NPS를 기록하면서 노스웨스트, 델타, 유나이티드 등을 압도하는 성장세를 보였다. 세계적인 PC업체인 델(Dell)은 관련 분야에서 가장 높은 NPS를 기록하면서 성장률이 경쟁사에 비해 월등했다.

2004년 영국 베인 팀의 분석 보고서도 결과가 비슷했다. 영국의 유통업체인 아스다(ASDA) 체인은 가장 높은 NPS를 기록했고, 슈퍼마켓 체인 중 가장 빠른 성장세를 보였다. 우리나라에서는 자동차 보험업체 중 삼성화재가 NPS와 성장세에서 모두 가장 높은 수치를 기록했다는 조사 결과가 있다.

출처: 파이낸셜뉴스(2009.11.01). NPS 조사.

학습 및 토론과제

1. 최근 방문했던 매장(식당, 매장 등)을 기억하면서 NPS의 점수를 주고, 그 점수를 준 이유에 대해서 공유해 봅시다.

2. 주변의 고객만족도가 낮다고 생각되는 곳을 가정하여 설정하고, 팀원들과 CS 개선 방안을 도출해 봅시다.

Chapter 07

고객만족 컨설팅

학습목표

1. 고객만족의 트렌드에 대하여 학습한다.
2. 고객관리의 중요성을 이해한다.
3. 고객만족지수와 시스템을 파악한다.

알아봅시다

❶ 나는 고객만족에 대한 소비자의 인식을 알고 있다. ☐ Yes ☐ No

❷ 나는 미래의 비지니스 트렌드를 알고 있다. ☐ Yes ☐ No

❸ 고객만족을 위한 기업의 경영방식은 일관적 입장을 보이고 있다. ☐ Yes ☐ No

❹ 최근의 고객만족경영방식은 일방적 커뮤니케이션 형식이다. ☐ Yes ☐ No

❺ 고객만족도의 세부적인 조사 방법으로는 고객불평 및 제안시스템 이용, 설문조사 방법, 유령고객 이용조사가 있다. ☐ Yes ☐ No

1. 고객만족의 트렌드

1) 소비자 태도 변화의 7가지 추세(출처: IBM. 2005 보고서)

첫째, 소비자가 느끼는 가치는 생활 패턴의 변화에 따라 그 가치가 높아지고, 도시의 집중화가 증가되면서 중산층의 비율이 높아지며, 도시 간의 연결이 밀접해지는 것이 나타났다. 반면, 농촌은 마을 간의 물리적 거리가 더욱 심화되면서, 도시와는 다른 유통 방식이나 영업방식이 나타나고 있다.

둘째, 인터넷이 발달하면서 많은 정보가 소비자들에게 제공됨에 따라 유용성이 떨어지는 광고나 정보에 대한 스트레스가 심해졌다. 또한 소비자는 구매하기 전 인터넷을 통한 조사나 잡지 등을 통한 정보수집을 통해 자신이 구매하고자 하는 제품이나 서비스에 대한 가치를 파악하고, 구매에 대한 태도를 결정한다. 따라서 이전의 신문이나 잡지 또는 구전 등에서 발전하여 보다 많은 정보를 활용하는 것으로 나타났다.

셋째, 까르푸, 코스트코, 월마트 등 대형 유통업체의 진출은 유통업의 변화를 일으키고 있다. 이들은 편의점, 약국, 슈퍼마켓으로 그 영역을 점차 넓히고 있으며, 금융서비스 산업에까지 그 영향력을 확장시키고 있다.

넷째, 산업의 변화는 기업의 변화를 요구하고 있다. P&G의 경우 소비자에 대한 통찰력, 파트너와의 관계, 훌륭한 제품과 혁신, 이 세 가지를 핵심 역량으로 삼고, 이 외의 사업은 모두 파트너사에 위임했다. 비누 제조마저 중국에 아웃소싱의 형태로 선택과 집중전략을 펼친 결과, 현금유동성 확보에 성공, 결국 P&G는 질레트를 인수할 수 있었다.

마지막으로, 은행의 경우 일반 대중을 위한 서비스로 ATM이나 셀프서비스를 제안하고, 특수계층에 대한 개인 맞춤형 상품을 개발하는 등의 고급화 서비스를 제공하고 있다. 이렇듯 시장 다수를 대상으로 하는 시장 구조에서 특수 영역만을 집중 공략하는 형태로 기업의 고객 타깃 중심형 곡선이 바뀌고 있음을 알 수 있다.

즉, 스마트폰과 SNS 등 정보산업의 발달과 소비자가 활용할 수 있는 다양한 커뮤니케이션이 확대됨에 따라, 고객만족서비스를 위한 기업들의 노력이 활발하게 이루어지고 있다.

2) 혁신적 관점에서 바라본 미래의 비즈니스 트렌드 (출처 LG경제연구원)

첫째, 시간이나 비용의 맞춤화이다. 전통적인 소비자 제약 조건인 시간 및 비용을 맞춤화하는 비즈니스가 형성될 것이다. 예를 들어, 미국의 결혼정보 회사들은 스피드 데이트 사업을 제안하였다. 이것은 7분 동안 데이트한 후 재 데이트 여부에 대한 서류를 작성하여 서로 호감 있는 사람들끼리 다시 만날 수 있도록 주선하는 시스템을 말한다. 또한 시간에 대한 고객의 니즈가 변화하는 가운데 최근에는 개인 별로 시간에 대한 선호도가 다양화 · 차별화됨에 따라 자신에게 가장 적합화 된 시간 약속이나 사용 등 시간을 맞춤화 하려는 경향이 두드러지고 있다. 예를 들어, 24시간 레스토랑, 야간 어린이 보살핌서비스 등이 그 예가 된다.

둘째, 고객을 직접 방문하는 제품이나 서비스 상품이다. 고객이 자신이 원하는 제품이나 서비스를 사용하는 데 있어서 문제점 중의 하나는 지리적, 그리고 물리적인 공간의 어려움을 극복하는 것이다. 이에 고객을 찾아가는 사업형태가 특정 고객집단을 대상으로 부상할 것이다. 예를 들어, 고령화가 상당히 진행된 일본 등 선진국의 경우 거동이 어렵거나, 나이가 든 노인들을 대상으로 실버타운 거주자를 위해 이발이나 목욕을 도와주는 이동형서비스가 인기를 끌고 있다. 이렇듯 고객을 찾아가는 제품이나 서비스 상품의 형태는 대량판매에 의해서 대량소비가 행하여지는 것에 따라 성립되는 시장인 매스마켓(Mass Market)을 대상으로 하는 전통적 사업 방식에서 벗어나서 사전에 철저히 목표 고객의 욕구를 파악하고, 이를 바탕으로 고객이 필요로 하는 제품이나 서비스를 정확하게 제공하는 일종의 '스마트 미사일'과 같은 전략을 사용하는 것이다.

셋째, 실시간 고객참여가 가능하다. 최근에는 소비자들이 구매만을 전담하던 역할에서 벗어나서 기업의 비즈니스 전반의 활동에 참여하여 제품이나 서비스의 가치를 창출하는 이른바 기업의 동반자, 즉 프로슈머로 전환되는 인식이 강해지고 있다. 예를 들어, 미국의 '브루시티' 주점의 경우 소비자가 직접 자신이 마시고 싶은 술을 직접 만들어 마시는 주점으로 유명하고, Threadless T-shirt사는 웹사이트와 자동화된 IT 시스템을 기반으로 소비자가 직접 디자인한 제품을 실시간으로 제품 개발과 생산에 반영하여, 소비자의 니즈를 반영한 경영이라는 평가를 받고 있다.

마지막으로, 틈새 찾기를 위한 차별화전략의 활용이 강조되고 있다. 인구 통계적 변화에 대응하여 새로운 틈새를 개척하는 기업으로 일본의 K's Office International의 경우, 애완견 전용 고급 의류시장에서 높은 수익을 창출하고 있고, 영국의 PB인 Coutts & Co는 다수 시장이 아닌 고소득 여성 계층만으로 전문으로 하여 프리미엄 금융상품을 개발하고 제공하는 차별화전략을 활용하고 있다.

이렇듯 소비자들의 가치 인식변화와 니즈를 파악하고 그것을 바탕으로 맞춤화된 제품이나 서비스를 생산하며, 효과적인 커뮤니케이션 방법을 통해 소비자의 구매를 창출하기 위해 준비하는 것을 CS 플래닝이라고 한다. CS 플래닝 프로세스는 다음의 단계를 거쳐 이루어진다.

- 1단계: 고객의 니즈(NEEDS)를 읽어라.
- 2단계: 표적시장(대상)을 분명히 하라.
- 3단계: 핵심성공 요소를 찾아라.
- 4단계: 목표와 비전을 세워라.
- 5단계: 솔루션을 개발하라.
- 6단계: 고객의 마음을 사로잡는 전략을 세워라.
- 7단계: 서비스와 세일즈를 계획하라.

- 8단계: 내부자원을 준비하라.
- 9단계: 실행계획을 준비하라.
- 10단계: 내부고객(직원)을 참여시켜라.

2. 고객관리의 중요성

1) 고객만족이 기업에 미치는 긍정적인 효과

첫째, 구매과정 또는 구매를 통해 자신이 선택한 제품이나 서비스에 대해 만족한 소비자는 기업이나 제품에 대한 긍정적인 이미지를 형성하게 되고, 같은 종류의 제품을 재구매할 가능성이 높아짐으로써 기업은 충성고객을 확보할 수 있게 된다.

둘째, 소비자가 자신이 사용한 제품이나 서비스에 만족할 경우, 타 기업의 시장진입을 어렵게 하는 효과를 가져 온다.

셋째, 제품이나 서비스에 만족을 느낀 소비자는 자신의 주변 지인에게 긍정적인 구전을 시행함으로써 신규고객을 창출하는 데 도움을 주어, 기업에게는 광고비를 지출하지 않고 최고의 광고효과를 얻을 수 있는 원천이 된다.

마지막으로, 신규 고객보다 기존 고객의 재구매가 매출에 더욱 큰 영향을 미치는 반면, 신규 고객을 갖는 것보다 기존 고객을 관리하는 것이 더욱 적은 비용을 지출하게 함으로써 비용절감효과가 있다.

2) 고객만족을 위한 기업 경영방식의 변화

(1) 1970년대

기업은 소비자를 수동적으로 물품이나 서비스를 구매하는 자로서 생각하고, 동질의 단일한 욕구를 가지고 기업이 만들어 공급하는 상품을 수동적으로 구매한다고 인식한 것이다. 따라서 기업과 고객과의 관계는 모두가 동일하여 차이가 없는 획일적인 물품이 고객에게 일방적으로 팔리는 단순한 판매의 관계가 형성되었다.

(2) 1980년대

시장경쟁이 치열해짐에 따라 기업은 고객의 중요성을 점차 인식하기 시작하였다. 즉, 공급이 수요를 초과하고 기업에 대한 소비자들의 영향력이 증대되면서 기업들의 품질관리(Quality Control)에 대한 관심이 고조되고, 품질관리 경쟁으로 품질 차별화가 어려워지자 기업의 경영자들은 고객서비스와 CS(Customer Satisfaction)의 중요성을 인식하기 시작하였다.

(3) 1990년대

컴퓨터 기술의 향상과 인터넷 이용의 활성화를 통해 데이터베이스 마케팅(DBM)이 등장하였다. 이 시기에 기업은 고객과 관련된 내 · 외부자료를 이용하는 DB 마케팅을 시도한 시기이다.

그러나 CS의 획일적인 마케팅 캠페인으로는 다양화, 개성화된 고객요구를 충족시키기에 역부족이었다. 또한 고객 데이터는 주로 관리 목적으로 사용되었고, 시장의 분류도 기업의 시각에서 일방적 · 인위적으로 이루어진 한계점이 있었다.

(4) 2000년대

고객관리가 기업의 성과와 생존에 직접적 영향을 미치는 중요한 존재임을 깨닫게 되는 CRM 시대가 시작되었다. 고객은 기업의 물품이나 서비스의 생산과정에서 능동적 참여자로 변화되었고, 기업과 고객이 쌍방향적 동반자로 인식되었다. 또한 전사적으로 고객관리를 지향하는 CRM이 도입되었다.

3) 최근의 고객만족 경영방식

인터넷의 확산이 E-CRM이라는 개념을 새롭게 탄생시켰다. 즉, 인터넷과 이메일의 보편화로 기업은 더욱 다양해진 채널을 통해 고객정보를 수집할 수 있게 되었고, 수집된 고객 관련 데이터는 통계적 기법을 이용해 유용한 정보를 찾아내는 웹 마이닝(Web Mining)을 활용하였다. 이를 통해 고객의 관심분야의 변화 및 니즈파악을 통해 고객층의 정교한 세분화와 개인 고객과의 1:1 관계 형성을 실현할 수 있게 하였다.

그렇다면 고객이 원하는 관리는 무엇일까? 다음 〈표 7-1〉을 살펴보자.

표 7-1 고객만족경영방식의 변화

과거(기업 중심적)	패러다임	현재(고객 중심적)
기업이 왕	힘의 우위	고객이 왕
일방적	커뮤니케이션	쌍방향적
시장점유율, 매출액	마케팅 목표	고객점유율
제품	관리 및 지식기반	고객
기업의 현재가치	중시되는 가치	고객의 평생가치
표준화 마케팅	마케팅 방법	개별화 마케팅
비차별적 마케팅		데이터베이스 마케팅
집단(매스)마케팅		일대일 마케팅
제품	판매대상	서비스

과거(기업 중심적)	패러다임	현재(고객 중심적)
100% 마켓, 10% 고객	조직의 목표	100% 고객, 10% 마켓
획득하는(Acquisition) 전략	고객 경영의 주요 목표	개발(Development), 유지(Retention), 공유(Sharing)전략

정리해보면, 과거의 마케팅은 표준화와 규격화에 의해 형성된 대량으로 생산된 상품이나 서비스를 소비자에게 판매하는 것이 기본 방침으로 인식되었다. 즉, 소비자의 욕구는 무시된 채, 기업의 내부적인 관점에서 생산 가능한 제품을 생산하여 마케팅하는 Pull 마케팅 형식이 이루어졌다고 할 수 있다. 즉, 내부에서 외부로 행하여지는 경영전략 방식이라 할 수 있다.

그러나 과학기술과 정보기술이 빠른 속도로 발전하고 세계가 하나의 네트워크 속에서 글로벌화 · 디지털화 · 무한경쟁화되면서 소비자들이 자신 스스로 정보를 공유할 수 있는 힘이 생기게 되었다. 따라서 마케팅의 중심이 기업에서 소비자에게 이동하면서, 소비자가 기업의 마케팅 방식에 영향을 미치고 직접 참여하는 Push 마케팅이 새롭게 각광받고 있다. 즉, 외부에서 내부로 행해지는 경영전략이라 할 수 있다. 이러한 기업경영방식은 세계 경제가 단일화 · 정보화 · 무한경쟁화됨으로써 고객만족경영이 경영방식의 중심축이 되고, 고객만족경영의 실패와 성공여부가 기업의 생존에 중요한 영향을 미치게 됨에 따라 생긴 변화라고 할 수 있다.

사례연구

아사히 맥주의 고객관리방침

아사히 맥주는 현재 일본 내 1위 맥주 브랜드이며, 기린 맥주와 시장점유율 1~2%를 다투고 있지만 아사히에게도 힘든 시절이 있었다. 기린 맥주가 7~80년대 70%에 가까운 시장점유율을 차지하는 동안 아사히는 80년대 중반에 10%에도 못 미치는 영향력을 가지게 되었다. 이에 아사히는 은행원이었던 히구치를 사장으로 선임하고 경영 혁신에 변화를 시도하였다.

히구치의 전략은 다음과 같다.

❶ 아무리 불황이라고 할지라도 원료는 항상 최고급을 사용한다.
❷ 원가 제도를 폐지하고 좋은 상품을 만드는 데 주력한다.
❸ 영업에서 번 돈을 전부 광고에 사용한다.
❹ 상품 개발의 최대의 적은 외부가 아니라 내부에 있다.
❺ 아무리 무리한 것이라도 고객요구는 무조건 반영한다.
❻ 노조가 요구하기 전에 회사가 먼저 처우를 개선한다.
❼ 극단적이고 부정적인 용어를 사용하지 않는다.

그리고 무엇보다 고객의 원하는 것이 무엇인지 파악하기 위해 노력했다. 아사히는 슈퍼드라이를 만들기 위해 동경과 오사카에서 2회씩 5,000명에게 기호조사를 실시하고 시장의 트렌드와 고객이 원하는 맛을 찾기 위해 노력하였고, 그 결과 고객들은 깔끔하고 상쾌한 맥주, 어떤 음식에도 잘 맞는 맥주, 여러 잔을 마셔도 맛있는 맥주를 원한다는 것을 알게 되었다. 그리고 고객의 기호가 기존에 무겁고 쓴 맥주에서 목 넘김이 좋은 깔끔하고 순한 맥주로 선호하는 맛의 트렌드가 변한다는 것을 찾았다. 아사히는 기존의 맥주와는 차별화를 두고 쓰면서도 단맛이 나는 슈퍼드라이를 개발하였고, 이를 통해 기린을 꺾는 대이변을 일으켰다. 그 이후로도 아사히는 고객의 니즈를 중요하게 생각하고 꾸준한 제품조사와 고객관리로 맥주시장의 선두로 인식되고 있다.

출처: 아사이 경영전략 "최고만이 고객만족"(1999.9.9). 매일경제.

3. 고객만족 측정

1) 다양한 관점의 고객만족

(1) 고객의 평가로 보는 관점

고객만족은 '고객의 욕구를 충족시키는 정도에 대한 평가 또는 고객의 사전기대와 제품의 실제성 또는 소비경험에서 판단되는 일치/불일치 정도 등 일련의 소비자의 인지적 과정에 대한 평가'로 정의된다. 즉, 구매한 제품 또는 서비스를 소비함으로써 유발되는 욕구를 충족시키는 정도에 대한 소비자의 주관적이고 일방적인 평가를 의미하는 것이다.

(2) 인지적 상태의 관점

고객만족은 '구매자가 치른 대가의 보상에 대한 소비자의 판단'으로 보는 관점으로, 구매자가 치른 대가에 대해 적절하게 또는 부적절하게 보상되었다고 느끼는 소비자의 인지적 상태를 의미한다.

(3) 정서적 반응으로 보는 관점

고객의 기대/불일치와 같은 고객의 다양한 인지적 처리과정 후 형성되는 정서적, 감정적 반응으로 보는 관점이다. 고객만족은 '특정 제품 또는 서비스를 사용한 후 소비 및 소유함으로써 얻는 경험의 평가에 대한 소비자의 정서적 반응'이라 정의할 수 있다.

(4) 만족에 대한 고객의 판단으로 보는 관점

고객의 인지적 판단과 정서적 반응이 결합된 것으로, 고객만족이란 '소비자의 충족상태에 대한 반응'으로서 제품 및 서비스의 특성 또는 제품이나 서비스 자체가 소비에 대한 충족상태를 유쾌한 수준에서 제공하거나 제공하였는가에 대한 판단을 의미한다.

2) 고객만족 측정의 3가지 원칙

① 고객의 만족도를 과거, 현재, 미래와 비교할 수 있는 계속성의 원칙
② 항목별로 정량적 비교가 가능하도록 조사하는 정량성의 원칙
③ 정확한 조사와 해석을 실시하는 정확성의 원칙

3) 고객만족도의 측정방법

고객의 만족도는 고객이 기대한 만큼 고객의 다양한 욕구를 기업이 어느 정도 충족시키고 있는가를 객관적 평가를 통해 지표로 나타낸 것이다.

따라서 고객만족을 측정하기 위해서는 고객의 기대수준, 해당 기업의 제품이나 서비스에 대한 고객의 인식수준, 고객이 제품이나 서비스를 사용하고 난 후 만족을 느끼는 정도를 조사하여 측정하는 것이 중요하다. 고객만족도를 측정하는 조사방법을 살펴보자.

(1) 고객불평 및 제안시스템 이용

고객이 제품이나 서비스를 이용한 후 이에 대한 불평이나 제안의 편리성 정도와 고객응대 처리의 신속성 및 활용 정도에 대해 측정하여 고객만족도를 평가하는 방법이다. 즉, 보통 고객이 기업에게 불만이나 제안사항이 있을 때 이를 표현하는 것이 얼마나 쉬운가, 이를 전담하는 조직이 기업에 체계적으로 형성되어 있는가에 따라 평가된다.

(2) 설문조사 방법

고객에게 직접 자신이 소비한 제품이나 서비스에 대한 만족도에 대해 질의 응답하는 방식으로, 만족 정도에 따라 보통 5~7점 척도를 주로 사용한다. 대표적으로 NCSI(National Customer Satisfaction Index) 모델을 활용한다.

(3) 이탈고객 조사

고객이탈률 및 그 이유를 찾아내어 고객불만족을 해소해 주는 방법으로, 고객 구매정보 데이터를 활용한다.

(4) 유령고객 이용

미스터리 쇼퍼(Mystery Shopper)로 불리어지는 이 방법은 가짜 고객을 가장하여 직원의 고객응대를 확인하는 방법이다. 일반 손님처럼 매장을 방문하여 까다로운 질문이나 요구를 할 경우, 직원의 전문적인 상황대처능력과 서비스 마인드를 확인하게 된다.

사례연구

기업불만사례(휴게소, 공공기관, 금융기관)

1. 천등산휴게소, 고객 소리함 효과 톡톡

한국도로공사 경부고속도로 천등산(평택방향)휴게소가 고객과의 소통 강화에 힘쓰고 있다.

천등산휴게소는 지난 6월 휴게소 운영방식에 대한 고객들의 의견을 반영하기 위해 고객 소리함을 설치하고, 고객들이 휴게소 이용시 느낀 문제점과 불편사항 등을 지적하거나 서비스 친절 직원을 칭찬하는 메모를 넣고 자신의 의견을 나타내도록 하였다. 그 예로 천등산휴게소는 문을 여닫을 때 수유실 내부가 보인다는 지적에 따라 수유실에 간이 칸막이를 설치했으며, 고객의 요청에 따라 젖병 소독기를 설치했다. 또한 커피 판매점에 시럽과 냅킨을 사용할 수 있는 셀프 서비스 공간을 마련한 것도 소리함을 통해 접수된 고객의 의견이다. 소리함을 운영한 후 여러 가지 불편사항이 개선되면서, 고객 소통 창구로서의 역할을 톡톡히 해내고 있다는 평가로 이용객들의 만족도가 높아지고 있다.

출처: 환경일보(2016.10.13.).

2. 시기별 업무 특성 반영한 '민원예보제' … 고객 불편 줄여

우정사업본부가 '대한민국 최고 수준의 정부기업 서비스를 구현하겠다'는 일념으로 고객 중심의 우정 서비스 혁신을 위해 노력을 기울여온 결과 한국능률협회컨설팅 주관 2016 KCSI 공공서비스 부문에서 1위를 차지하였다. 우정사업본부는 전국 우체국 이용 고객을 대상으로 한 만족도 조사를 매달(1~11월) 실시하고, 현장 모니터링을 하는 등 고객만족경영을 추진하고, 일선 우체국 현장에 대한 전문 교육과 현장 컨설팅을 지속적으로 진행하고 우체국별 맞춤 서비스 품질 관리에 노력하였다. 그중에서도 체계적인 민원 관리와 민원 예방을 위한 지속적인 제도 개선과 민원통합관리시스템을 통해 각 시기별 업무 특징 등을 감안한 '민원예보제'를 운영해 고객의 불편을 사전에 예방하고 있다. 또한 직원 칭찬 사례와 주요 민원 사례를 정기적으로 진행해 경영진에 보고하고 전 직원이 공유하였다. 또한 고객의 제안사항을 적극 반영하는 등 서비스 개선에 노력하고 있다. 이것은 고객의 다양한 문의에 신속하고 정확하게 응답하기 위한 노력의 실천이라 할 수 있다.

출처: 공공서비스 부문 – 우정사업본부, 조선일보(2016.10.18.).

3. "은행대출에도 인종차별" 美, 금융당국, '미스테리 쇼퍼' 통해 적발

미국에서 인종에 따라 대출 금리를 차등 적용한 은행이 적발됐다.

미 소비자금융보호국(CFPB)은 당국은 뱅코프사우스에 아프리카계 미국인 고객을 차별했다는 이유로 조치를 취하면서, 미스터리 쇼퍼(손님을 가장해 매장을 방문, 서비스를 평가하는 사람)를 운영했다는 사실을 밝혔다고 월스트리트저널이 17일(현지시간) 보도했다.

2013년 모지기론을 취급하는 은행 뱅코프사우스 지점에 열흘 간격으로 흑인과 백인 대출 희망자가 방문하여 실험한 결과 흑인이 소득 등 대출 조건이 더 좋았지만, 뱅코프사우스는 백인에게 더 낮은 금리를 제시했다. 두 사람은 사실 미스터리 쇼퍼였다.

출처: 머니투데이(2016.8.18.).

학습 및 토론과제

1. 한국의 기업 중 미래의 비즈니스 트렌드를 활용한 사례를 조사하고 발표해 봅시다.

2. CS 플래닝 프로세스를 통한 서비스 신상품을 개발해 봅시다.

3. 한국 서비스 기업의 고객관리 시스템 방식을 연구하고 토론해 봅시다.

Chapter 08

고객만족전략 및 사례분석

학습목표

1. 고객만족전략에 대해 학습한다.
2. 병원 맞춤 서비스에 대해 파악한다.
3. 극장의 차별화서비스에 대해 학습한다.
4. 호텔의 차별화전략에 대해 연구한다.
5. 미래 지향적 서비스전략에 대해 파악한다.

알아봅시다

❶ 서비스 시장 세분화는 소비자 특성과 소비자 특성으로 나누어진다. ☐ Yes ☐ No

❷ 표적시장의 선정방법은 비차별적 마케팅 전략과 차별적 마케팅 전략, 그리고 집중적 마케팅 전략으로 나누어진다. ☐ Yes ☐ No

❸ 최근의 의료 환경은 여성의 사회진출로 인하여 산부인과나 소아과를 찾는 수요가 급증하고 있다. ☐ Yes ☐ No

❹ 최근 극장서비스 산업은 저부가가치 산업으로 인식되어 힘든 경영환경에 직면하였다. ☐ Yes ☐ No

❺ 항공운송 산업 중 싱가폴 항공은 혁신적인 기내엔터테인먼트 시스템을 통한 기내 서비스의 새로운 개념을 혁신이라는 평가를 받고 있다. ☐ Yes ☐ No

1. 고객만족전략

1) 시장세분화전략

시장세분화전략이란, 소비자층의 특성별로 시장을 구분하여 각 층에 대해 집중적인 마케팅전략을 펴는 실행하는 것으로서, 기업의 제품과 마케팅 노력을 소비자 또는 고객의 요구에 적용시키는 것이다. 즉, 보다 효과적인 마케팅 믹스의 개발을 위해 전체 시장을 상품이나 서비스에 대한 고객의 욕구가 비슷하거나 영업활동에 의미 있는 동질적 부분으로 나누는 것을 의미한다. 시장 세분화의 기준은 다음과 같다.

표 8-1 서비스 시장의 세분화 분류

서비스 시장세분화	
소비자 특성(개인적 속성)	소비자 반응(행동적 변수)
• 인구 통계적 변수 • 사회 · 경제적 변수 • 사이코 그래픽 변수 • 지리적 변수	• 추구편익변수 • 사용량 변수 • 촉진반응변수 • 충성도 변수 • 서비스 변수

① **인구 통계적 변수**: 성별, 연령, 가족의 규모

② **사회 · 경제적 변수**: 수입, 교육수준, 사회계층

③ **사이코 그래픽 변수**: 사람의 행동이나 개성, 삶의 방식에 따른 시장세분화 방법

④ **지리적 변수**: 거주 지역, 도시의 규모, 기후, 인구밀도

⑤ **추구편익변수**: 한 가지 서비스에 소비자들이 근본적으로 추구하는 편익은 다를 수 있다는 가정 하에 시장세분화하는 방법

⑥ **사용량 변수**: 서비스 사용정도 또는 유형에 따른 시장분석

⑦ **촉진반응변수:** 광고, 판매촉진 등 기업의 특정 촉진활동에 대한 소비자들의 반응을 기초로 시장을 분류하는 것

⑧ **충성도 변수:** 고객이 특정 상표를 선호하고 긍정적인 구전을 적극적으로 시행하며, 제품이나 서비스를 반복 구매하는 소비자 선호도

⑨ **서비스 변수:** 여러 가지 서비스 제공물에 대한 고객들의 반응 유형으로, 시장 세분화에 있어서 상대적으로 덜 주목을 받아온 변수

사례연구

시장세분화의 사례연구

1. 2016 가방 마켓 트렌드 – 가방시장 세분화…패션시장 비중 키운다

패션시장 전체에서 가방 부문 규모가 지속적으로 커지고 있고, 패션부문에서 중요한 요소로 인식되고 있다.

가방시장 규모는 2001년 이후 올해까지 6배로 확대되었으며, 올해는 전년대비 1.5% 하락한 2조 4,751억 원으로 전망된다. 계속되는 불경기와 명품브랜드 선호도 감소 등으로 인해 소폭 하락할 전망이다. 소비자 구매패턴은 장기 불황에 명품 소비성향인 과시형에서 실속형으로 전환되었다. 즉, 자신의 개성을 드러낼 수 있는 핸드백을 합리적인 가격으로 구매하려는 알뜰족이 증가하고 있다. 또한 소비자는 온라인 시장을 통한 직구나 중고 명품가방이나 온라인 쇼핑몰을 통해 합리적 구매를 하고, 그 영향으로 매스티지 상품군이 가격별, 디자인별로 다양해졌다. 이에 따라 세계적인 불경기에 고성장을 하던 명품브랜드 성장도 주춤한 상태다.

그리고 해마다 여행객이 증가하면서 여행가방 판매가 함께 증가했다. 운동복과 일상복을 매치한 애슬레저, 스포츠 등 라이프스타일 트렌드가 가방시장에 영향을 미치고 있다. 특히 남성들은 야외활동에서 스마트폰 등 모바일 기기에 카메라까지 간편하게 휴대할 수 있는 핸즈프리가방을 선호한다.

마지막으로 패션 브랜드와 예술가와의 협업이 올해 주목해야 할 트렌드다. 패션 산업이 하나의 예술로 떠오르면서, 많은 브랜드와 예술가 간 협업을 통해 브랜드 문화적 가치를 높이고 그 상품 스토리를 부여고하자 하는 시도가 많아지고 있다.

출처: 코리아 패션+택스 뉴스(2016.10.17.).

2. 옷 사는 男心을 훔쳐라… 남성복 시장이 움직인다

가을은 남자의 계절이라고 했다. 자신을 위해 지갑을 여는 남성들이 늘면서 패션에 대한 남성들의 관심도 높아지고 있다.

• 타깃의 세분화

남성은 여성보다 의복구매에 있어 관여도가 낮은 집단이라는 생각이 보편적이었다. 오늘날 남성들은 여자친구, 아내가 사주는 옷을 입던 옷에 만족하지 않는다.

패션과 미용에 아낌없이 투자하는 남성을 뜻하는 '그루밍족'의 증가로 직접 쇼핑에 나서는 남성들이 증가하고 있지만, 남성복 업계는 여전히 제자리걸음 중이다. 업계 관계자는 자신을 위한 패션을 요구하는 남성들은 증가하고 있지만 남성복 업계가 이에 빠르게 대응하지 못한 점이 원인이 될 수 있다고 설명하였다.

하지만 남성복 업계는 '쇼핑하는 남성의 증가'에 주목하고 있다. 신세계백화점에 따르면, 올해 상반기 남성고객 매출 비중은 3년 전보다 3%p 증가한 것으로 조사되었고, 연령층도 다양화되고 있다. '

• 오감만족형 남성복의 진화

남성복의 기능성 강화는 거스르기 힘든 트렌드로 자리 잡았다. 아웃도어 제품들의 '비즈니스 캐쥬얼화'도 이러한 변화를 잘 설명해주고 있다. 올해도 활용성과 멋을 동시에 갖춘 남성복의 출시가 이어지고 있다. 예를 들어, 아웃도어 브랜드 K2는 절개선과 박음질을 없앤 디자인으로 일상생활이나 비즈니스 룩으로 활용 가능한 브루클린 재킷을 출시되어 소비자들로부터 긍정적인 반응을 얻고 있다.

출처: 헤럴드 경제(2016.10.4.).

2) 표적시장 선정

표적시장이란 세분시장 중 기업이 구체적인 마케팅 믹스를 개발하여 상대하려는 고객 집단을 말한다. 표적 집단은 다음의 구비요건이 요구되어진다.

첫째, 마케팅 관리자가 각 세분시장의 규모와 구매력 등을 측정할 수 있는 측정 가능성.

둘째, 규모나 수익 면에서 세분시장이 충분히 커야 한다는 유지 가능성.

셋째, 효과적인 마케팅 노력으로 세분시장에 도달하여 이들에게 적절한 수단을 통해 서비스를 제공할 수 있어야 한다는 접근 가능성.

넷째, 각 세분시장의 고객욕구에 충분히 부응할 수 있는 효과적인 마케팅 프로그램을 계획 및 실행할 수 있는 능력을 서비스 기업이 소유하고 있는지의 여부인 실행 가능성이 필요하다.

3) 표적시장의 선정방법

표 8-2 표적시장의 분류

구분	비차별적 마케팅 전략	차별적 마케팅 전략	집중적 마케팅 전략
시장정의	광범위한 고객	둘 혹은 그 이상의 제한된 고객집단	잘 정의된 단일 고객집단
비 용	비용 절감	비용 증가	비용 최다 증가
제품전략	다양한 고객을 겨냥하여 단일 상표로 한정된 수의 제품 및 서비스 판매	각 고객 집단별로 적합한 별개의 제품이나 서비스 제공	단일 소비자 집단을 대상으로 단일 상표의 제품이나 서비스 제공
가격전략	전체적인 단일 가격	차별화 가격	단일가격
유통전략	가능한 모든 판매경로 동원	세분시장별 차별적 유통경로 선정	단일한 판매경로 선정
촉진전략	대중매체	세분시장별 차별적 매체 선정	전문잡지 등 특화된 매체
목 적	경쟁 우위 장악	동질적인 욕구와 선호 충족	시장 입지 획득
전략의 강조점	동일한 마케팅 프로그램을 통해 다양한 유형의 소비자들에게 접근 가능	각 세분시장별 차별적 마케팅 전략으로 둘 또는 그 이상의 시장에 접근	고도로 전문화된 동일 마케팅 프로그램을 통해 구체적인 소비자 집단에 접근
위험부담	소	중	대
사고방식	기업체 중심	고객 중심	고개밀착

2. 병원의 환자맞춤서비스

1) 의료서비스 환경의 변화

최근의 의료 환경의 변화를 살펴보면, 중소병원의 도산 문제는 심각한 수준에 이르렀다. 2010년 국민건강보험공단에서 조사한 '중소병원의 실태'를 살펴보면, 지난 2009년 도산한 병원은 총 94개 기관으로 전체 1029개 기관에서 9.1%의 도산율을 보였다. 또한 의사 인력의 꾸준한 증가와 임금인상, 포괄수가제 도입, 수가계약제 도입, 의료심사평가원 설립, 선택진료제도 적용에 따른 의료정책 변화로 의료경영환경이 급속한 속도로 변화하고 있다.

그러나 생활수준의 향상과 생활환경의 변화로 인하여 질병의 구도도 변화되어 만성퇴행성질환, 공해병 등이 증가하고, 건강에 대한 인식의 변화로 건강증진 서비스에 대한 수요와 노령화가 빠르게 진행되고 있어 노인성 질환 및 만성질환에 대한 요구가 증가하고 있는 추세이다. 반면 소득증가에 따른 건강 수준의 향상과 여성의 사회진출로 인하여 출산율 감소와 산부인과나 소아과를 찾는 수요는 계속 감소하고 있고, 오히려 여성들의 사회진출 증가에 따라 상대방에게 호감을 주고 자신의 아름다움을 표현하기 위한 미용 관련 병원을 찾는 환자의 수가 증가하고 있어, 의료 환경에도 다양한 변화가 나타나고 있다.

이렇듯 급변하는 21세기 의료 환경에 대응하기 위해서 병원이 단순하게 치료의 기능만을 제공하는 것이 아니라 인간을 중시하고, 자연환경을 고려하는 진료가 이루어져야 한다는 주장이 강조되고 있다. 또한 안전하고 쾌적하며, 미래의 성장과 변화에 대응할 수 있고, 첨단 의료시스템을 갖춘 미래 지향적인 병원시설이 형성되어야 하며, 환자 개인의 만족도와 삶의 질을 높이는 병원으로서의 올바른 변화방향 설정의 필요성이 제시되어 왔다.

2) 병원의 환자맞춤서비스 〈예치과〉

예치과는 국내 최초의 공동개원치과 병원으로서 '환자 중심의 진료'라는 경영 이념을 가지고 우리나라 의료계에 지각변화를 불러일으켰다. 1992년 5명의 치과 의사의 공동개원으로 시작하여 매년 성장을 거듭해, 2002년에는 강남 본원에만 20명의 의사를 포함하여 총 70명의 직원들이 근무하는 치과병원으로 성장하였다. 또한 공동개원을 성공적으로 실현하면서 쌓은 노하우와 환자중심의 병원시스템을 공유하고, 현자의 의료수준을 향상하기 위해 예 아카데미(현, 메디소프트)를 설립하여 관련사업과 직원교육 및 서비스 사업을 시행하고 있다.

예치과의 진료철학은 다음과 같다.

- 인간 중심의 진료를 근본으로 한다.
- 전문화 및 종합화에 의한 합리적인 진료를 추구한다.
- 임상연구와 교육을 통하여 치의학 발전에 이바지한다.
- 국민의 치과인식도 향상을 위해 노력하며 사회에 봉사한다.

이로서 고객 중심의 진료서비스를 시행하고 고객만족경영을 통해 행복과 감동을 주는 병원이 되기 위해 노력하고 있다.

예치과의 차별하된 서비스전략은 다음과 같다.

(1) 고객접점의 도입

예치과에서는 고객관의 접점을 크게 진찰대기, 진료상황, 시설환경, 병원 이미지의 4가지 부분으로 총 100여 개의 세부적이고 구체적인 고객접점시스템을 정리했다. 이렇게 정리된 고객접점은 이전보다 구체적으로 고객관련 문제를 인식할 수 있도록 하였으며, 효과적인 개선점을 찾을 수 있게 하였다. 또한 고객접점의 도입은 예치과의 병원시스템이 환자중심시스템으로 전환하는 계기가 되었다.

(2) 병원 같지 않은 병원 만들기

예치과는 통상의 병원과는 달리 마치 특급호텔 같은 분위기로 이미지를 연출하고, 가능한 한 환자에게 병원 냄새를 풍기지 않으려고 노력하고 있다. 또한 병원도 좋은 추억의 장소가 될 수 있다는 신념으로 모든 인테리어 부분에 환자를 배려하고 편안함을 주고자 노력한다.

(3) 휴일 및 야간진료서비스

대부분의 치과는 응급진료를 하지 않는 데 반해, 예치과는 휴일에도 오후 2시부터 6시까지 진료를 하여 1년 365일 진료를 받을 수 있도록 배려하고 있다. 또한 당직의사가 긴급호출기를 소지하게 하여 언제라도 긴급연락이 가능하게 하였으며, 주 2회 화요일과 목요일은 저녁 10시까지 야간진료를 함으로써 야간에 치과 치료를 원하는 고객들에게 큰 호응을 얻고 있다.

(4) 대기시간서비스

혼자 대기 중인 환자에게 자주 관심을 표현하고, 대기시간 제로를 위해 환자에게 대기 소요시간과 사유를 설명한다. 그리고 고객의 시간을 가장 중요하게 생각하므로, 병원에서 예상 소요시간을 초과하여 고객의 다른 스케줄에 지장을 줄 경우 택시비를 정중히 부담하는 방법을 통해 보다 높은 수준의 고객서비스를 실행하고 있다.

사례연구
병원서비스의 서비스 개선방향

1. 병의원 업무는 고객편의성에 초점을 맞춰야 한다.

최근 여행에서 갑자기 어머님이 편찮으셔서 히가시 신주쿠의 어떤 내과를 간 적이 있었다. “I'm Korean”이라고 말하자 병의원 직원은 내가 있는 곳까지 직접 다가와서 서류작성부터 세세히 도와주었다. 게다가 묻기도 전에 화장실 위치, 대기예상시간까지 한자로 종이에 적어가면서까지 설명해 주었다. 약 40분 동안 진료를 받는 동안 모든 직원은 모든 고객에게 관심을 갖고 미리 불편한 점을 없애면서 최대한 만족을 주고자 하는 노력이 느껴졌다. 이렇듯 ‘고객감동’, ‘고객경험서비스’ 등의 커다란 노력보다 고객을 위한 작은 편의성 개선을 노력해 보면 어떨까?

1) 이용의 편리성: 병의원의 진료시간의 탄력적 운영

이제는 연휴, 야간진료 등 탄력적 진료시간 운영이 보편화되어 많은 성과를 얻고 있다. 하지만 좀 더 디테일이 필요하다.

A소아과: 적은 평수의 아파트 단지는 대부분 맞벌이 부부인 점과 출근시간이 정해져 있는 부모가 많다는 점을 착안하여 조기진료를 시작하여 병의원 이용에 불편을 최소화했다.

B내과: A소아과와는 반대로 B소아과는 사무실이 밀집한 시내에 있기에 직장인이 많다는 점을 착안하여 점심진료와 야간진료에 더 많은 진료시간을 배정했다.

C비만 클리닉: 직장 여성고객을 위해 야간진료시간을 더 늘렸다.

그 결과 고객은 병의원 이용의 편리성을 통해 더 많은 진료를 받을 수 있었으며, 신규고객을 추가로 늘릴 수 있었다.

2) 진료실의 편의성

고객 대부분이 병의원에 대해서 느끼는 것은 진료실의 정리정돈이다. 고객은 병의원의 정리 상태를 보고 직원의 업무태도까지도 추측할 수 있다. 즉, 정리정돈이 되어 있지 않은 상태라면 조금 후 고객 자신이 받아야 할 진료 또한 체계적이지 않을 것이라는 예상을 한다.

또한 진료실에 있는 각종 자료의 정리도 신경써야 할 것이다. 날짜가 지난 안내문구, 날

짜 지난 신문을 비치하는 것은 삼가야 한다. 이러한 실수를 줄이기 위해서 여러 병의원에서는 진료실 관리 매뉴얼을 디테일하게 작성하거나 관리업체에게 위탁을 주어 오늘의 명언부터 주기적 비치물 관리 등에 신경을 써야 하겠다.

3) 진료의 편의성 1: 고객을 진료 테이블 옆자리에

아직도 많은 병의원에서 의사와 환자가 마주보면서 진료를 보고 있다. 고객입장에서 생각해보면 고객은 의사와 좀 더 가깝게 앉아 자신이 아픈 곳과 증상을 설명하고 의사에게 자세하게 전문가적 의견을 듣고 싶어 한다.

보통의 진료테이블은 다른 책상보다 넓고 크다. 그리고 중간에는 모니터가 가로막을 때도 있다. 이런 상태에서 고객은 진료실에 대해서 편안한 마음을 갖기는 어렵다. 따라서 테이블의 옆자리에 환자를 앉게 하여 의사가 한쪽 팔을 뻗으면 환자의 몸이 손에 닿을 수 있는 거리를 유지하는 것이 좋다.

3-1) 진료의 편의성 2: 의사는 환자에게 공감할 줄 알아야 한다.

편의성과는 약간 다르긴 하지만 고객입장에서 병의원을 찾는 이유 중에 하나이기에 소홀해서는 안 될 사항이다. 고객은 의사를 '실력'과 '친절'로 평가한다. 그러나 의사의 진료실력은 진료 순간에 당장 평가 내리기 어렵다. 하지만 '친절'은 의사와 마주하는 순간에 평가 할 수 있는 요소이다. 결론적으로 고객이 병의원을 찾은 목적은 아픈 곳을 치료하는 것은 당연하다. 그러나 고객은 의사와 공감하고 싶어 한다. 즉, 왜 아픈지, 언제쯤 나을 수 있을지에 대해 불안해 하는데 "우선 검사부터 해보자"라는 의사의 말을 듣는다면 고객은 소통을 포기하고 마음을 닫게 된다. "검사부터 해보자"라고 말하기 전에 고객이 의사 쪽으로 몸을 기울일 수 도록 "안녕하세요?", "아이고, 많이 불편하시죠", "네..많이 걱정되고 놀라셨겠어요"란 말도 공감을 해주는 것이 필요하다.

진료의 편의성을 위해서도 많은 병의원은 주기적으로 환자 요구에 대한 모니터링을 하고 있다. 즉 환자요구, 요구사항 개선, 새로운 만족 아이디어를 위해 매 월초 또는 매월 말에 원장과 직원들 간에 미팅을 하며 일정 시점이 지나서 디테일한 평가를 실행해야 하겠다.

4) 대화의 편의성: 고객은 의사만 만나는 것이 아니라 직원을 더 많이 만난다.

환자를 사이에 두고 대화해서는 안 된다. 어제 고객이 불만에 대한 처리사항, 환자가 보이는 곳에서 직원들끼리 대화 후 웃는 행위, 핸드폰을 보거나 핸드폰으로 대화를 나누는 행위. 환자가 보이는 곳에서 서로의 눈짓, 손짓, 표정 등을 나누는 행위 등은 하지 말아야 한다.

그런 직원의 행동을 보는 순간 고객은 누구에게 문의해야 할 지, 궁금한 것을 물어야 할지 모르게 된다. 따라서 직원은 고객이 병원 문을 들어서는 순간부터 문을 나가는 순간까지 그 고객을 관심을 가지고 지켜보고 있어야 한다. 그래야 고객은 자신의 요구를 어떤 직원에게라도 편하게 할 수 있게 되며, 한 발짝 우리 병의원에 다가설 수 있게 된다.

병의원은 고객으로부터 업무가 시작되고, 고객으로부터 업무가 종결되는 특징을 가지고 있다. 접수, 진료, 주사, 처방전, 수납 등 담당 업무가 아니라고 고객에게 시선을 거두면 안 된다. 시선을 거두는 순간 고객은 우리 병의원에 대한 편의성을 느끼지 못하게 된다.

출처: 조세일보(2016.9.23.).

3. 극장의 차별화 서비스

1) 극장 서비스산업의 변화

오랫동안 저부가 가치산업으로 인식되어 왔던 영화산업이 21세기 황금알을 낳는 고부가 가치산업으로 새롭게 인식되고 있다. 연간 영화관람 인원 수도 2억 명을 넘어서고, 첨단 복합영화 상영관도 잇따라 나타나고 있다. 그러나 영화관객이 증가하였지만 영화산업의 빈익빈 부익부 현상은 여전하다. 첨단서비스와 시설로 무장한 복합상영관 등이 대폭 증가하고, 무한경쟁시대에 들어서면서 놀라운 속도로 성장하는 영화관이 있는가 하면 폐업으로 사라지는 영화관도 늘어나고 있다.

2) CGV의 서비스 차별화전략

CGV에서는 영화관을 단순히 영화 관람만을 하는 곳으로 인식에서 벗어나, 고객의 최고의 편의시설를 제공한다는 경영이념을 바탕으로 조조 및 심야에 이르는 영화 상영시간, 인터넷 · 전화 · 휴대폰 등 다양한 영화티켓 예매방법 등의 도입을 시도하였다. 또한 장애인의 영화관람을 위해 별도의 시설 및 서비스를 마련하고 주차서비스 등을 강화하는 One-Stop Entertainment를 추구하고 있다.

또한 매표소의 유리 차단막을 없앰으로써 관객들의 거부감을 완화시켰고, 모든 매표사원들을 일으켜 세워 호텔 프론트처럼 직원이 고객을 맞아하게 하였으며, 고객과 직원이 편안하게 대화를 나눌 수 있게 데스크를 꾸미고, 인터넷 예매 제도를 대폭 보강하여 대기시간을 최소화하는 All-new-one 제도를 사용하고 있다.

그리고 영화를 보러 극장을 찾았다가 불만족스러운 서비스를 받은 고객이 합리적인 항의를 할 경우, 그 고객을 미개봉 영화 시사회에 무료 초대하는 서비스 리콜 제도를 실행함으로써 불만족고객을 관리해 서비스를 개선하고, 브랜드 이미지를 높이며, 영화관 직원들의 잘못을 바로잡고 서비스 정신으로 재무장할 수 있는 계기를 마련하고 있다.

마지막으로 Only one 전략을 통해 고객서비스를 실천하고 있다. Only one 서비스란 일부 CGV관의 경우, 편안히 영화를 보고 싶어하는 사람들을 위해 항공기 1등석을 그대로 옮겨 놓은 듯한 고급 극장인 골드클래스를 운영하고 있다. 일반 극장은 200석이 들어갈 공간에 30석의 넓고 푹신한 고급소파를 설치하고 120도까지 뒤로 젖힐 수 있는 침대형 소파로 좌석에 부속 테이블이 설치되어 와인, 주스, 맥주와 같은 음료와 식사를 즐기며 귀족처럼 영화를 볼 수 있는 서비스 시스템이다.

또한 명동 CGV의 경우, 패션도시 명동의 특성을 살려 이곳을 찾는 여성의 편의를 위해 여성만을 위한 프리미엄 서비스인 파우더룸을 설치하였다. 여성들이 메이크업을 편하게 할 수 있도록 최초로 미용실을 연상하게 하는 여성 전용 파우

더룸의 시설들을 설치하고, 쇼핑 후 영화관람의 불편함을 해소하기 위해 쇼핑백 무료보관 서비스를 제공하여 쇼핑과 영화의 만남을 용이하게 하였다는 평가를 받고 있다.

3. 호텔의 차별화 서비스전략

1) 리츠칼튼 호텔의 고객인지 프로그램

리츠칼튼 호텔은 모든 고객에게 동일한 획일적 서비스를 제공하는 것이 아니라, 차별화된 개별적 서비스를 제공하는 것으로 서비스업계에서 매우 유명하다. 리츠칼튼 호텔이 제공하는 수준 높은 개별적 서비스를 가능하게 해주는 것이 바로 고객인지 프로그램이라고 불리는 고객정보 관리시스템이다. 이는 리츠칼튼을 단 한 번만이라도 방문한 고객이 전 세계의 어느 곳에 있는 지점에 묵게 되더라도 이미 데이터베이스에 저장된 고객정보에 의해 고객이 좋아하는 것, 즐기는 것, 관심 있는 것을 호텔이 파악하고 고객의 취향에 맞도록 제공하는 서비스 시스템이다.

리츠칼튼 호텔은 모든 체인점에서 고객 코디네이터가 근무하며 자신의 호텔에 머무르는 고객의 개인적 취향에 대해 조사하고, 고객별로 차별화된 서비스를 제공하기 위해 이를 활용함으로써 높은 수준의 고객인지 프로그램이 가능하도록 하는 것이다. 따라서 리츠칼튼 호텔은 고객인지 프로그램을 활용하고, 고객이 말하지 않아도 원하는 것을 미리 실천해주는 서비스를 제공함으로써 리츠칼튼만의 차별화된 고객서비스를 실천하고 있는 것이다.

사례연구

리츠칼튼 호텔의 차별화 서비스 사례연구

1. 로버트는 미국 출장길에 샌프란시스코의 리츠칼튼 호텔에서 하루를 지냈다.

그는 서양식의 푹신한 베개가 싫어서 프론트에 전화를 걸어 딱딱한 베게를 가져다 달라고 요청하였다. 호텔 측은 곧이어 딱딱한 베개를 구해왔고 편안하게 숙면을 취할 수 있었다.

다음날 현지 업무를 마치고 다음 목적지인 뉴욕으로 가서 우연히 다시 리츠칼튼을 이용하게 되었는데, 아무 생각 없이 방 안에 들어간 그는 깜짝 놀랐다. 침대 위에 전날 밤 사용하였던 것과 같은 딱딱한 베개가 놓여 있는 것이었다.

그는 호텔측의 이 감동적인 서비스를 잊지 않고 출장에서 돌아와 주위 사람들에게 침이 마르도록 칭찬했다.

어떻게 이런 일이 가능했을까? 리츠칼튼 호텔은 모든 체인점이 항시 공유할 수 있는 고객 데이터베이스를 구축하고 있었고, 데이터베이스에 저장된 정보를 활용해서 그 호텔을 다시 찾는 고객에게 완벽한 서비스를 제공하고 있었던 것이다.

2. 다음은 리츠칼튼 호텔로 보낸 한 고객의 편지내용이다.

저는 호텔 직원 한 사람과 함께 엘리베이터를 탄 적이 있습니다. 내가 6층 버튼을 눌렀는데 그 직원은 버튼을 누르지 않더군요. 그래서 같은 방향인 줄 알고 있었습니다. 그런데 6층에 도착하자 그 직원은 내리지 않고 "좋은 하루 되십시오"라고 말만 했습니다. 그래서 그 직원에게 물었습니다. "어디가세요? 6층에서 내리지 않습니까?" 그러자 그 직원은 이렇게 말했습니다.

"예. 저는 5층으로 다시 내려갈 겁니다." 그 직원은 자기보다 고객의 시간을 더 중요하게 생각했기 때문에 5층 버튼을 누르지 않았던 것입니다. 그 직원을 찾아서 칭찬해주고 싶습니다.

이 직원은 당시 리츠칼튼의 대표이사, 사이먼 쿠퍼(Simon Cooper)였다. 그는 말단 직원부터 사장까지 고객감동을 위해 헌신적으로 서비스를 한다는 것을 모범적으로 보여 주었고, 리츠칼튼의 명성이 하루 아침에 만들어진 것이 아니라는 것을 증명해주었다.

3. 한 다기업 사상이 짧은 일정 동안 장거리 여행을 하며 일을 처리해야만 했다.

애틀란타에서 LA로, 다음날 하와이로 가서 매우 중대한 프레젠테이션을 해야 하는 일정이었다. 너무나 바쁘게 돌아가는 일정 탓에 사장은 짐도 제대로 챙기지 못한 채 리츠칼튼 호텔을 허둥지둥 빠져나왔다. 그리고 비행기를 타고 다음 행선지로 급히 향했다. 행선지에 도착하고서야 사장은 자신이 노트북을 호텔 룸에 그냥 두고 나왔다는 사실을 알게 되었다. 마음이 다급해진 사장은 호텔로 전화를 걸어 노트북을 하와이로 택배서비스를 요청했다. 프레젠테이션이 오후 한 시에 시작하니, 반드시 오전 열 시까지는 도착해야 한다는 부탁도 함께 전했다. 그런데 리츠칼튼 호텔 여직원은 노트북을 택배로 부치는 대신 직접 비행기를 타고 하와이까지 날아가 원하는 시간에 전달했다. 혹시 택배로 부쳤을 경우 고객이 원하는 시간에 도착한다는 보장이 없었기 때문이다. 물론 호텔이나 여직원의 실수가 아니라 고객이 잘못한 것이지만, 그 여직원이 망설임 없이 비행기에 오를 수 있었던 것은 진심으로 고객을 만족시키고 싶다는 열망 때문이었을 것이다.

출처 : 리츠칼튼 호텔 성공의 비결 - 서비스를 뛰어넘는 순간, 다카노노보루(2005.9.).

4. 기타 미래 지향적 서비스전략

1) 항공운송서비스

항공운송산업은 세계화 추세에 발맞추어 세계 경제분야 중에서 급속하게 성장을 보이고 있는 분야 중 하나이다. 그러나 오늘날의 세계 정세는 항공기 테러, 정치적, 사회적 불안정, 환율 및 유가폭등 등 경제적 불안정으로 항공운송업계 또한 심각한 불황을 겪고 있다. 이러한 환경적 요소로 인하여 많은 항공사들 또한 경영상의 어려움에 직면해 있지만, 자신들만의 경쟁우위상품을 개발하고 고객유치를 위해 힘쓰고 있다. 다음은 시기적 어려움에 처해있는 항공산업의 서비스전략을 다양한 항공사를 통해 알아보고자 한다.

(1) 싱가폴 항공: 혁신적인 기내엔터테인먼트 시스템 도입

싱가폴 항공은 미화 3억 6천만 달러가 투자된 4년간의 연구개발 끝에 차세대 항공서비스를 주도할 최신 기내서비스를 선보였다. 최고급 품질과 스타일로 완성된 퍼스트클래스와 비즈니스클래스, 그리고 이코노미클래스는 상가포르 항공만의 탁월한 서비스를 경험할 수 있도록 섬세하게 디자인되었으며, 완전 평면형 침대로 전환되는 퍼스트 및 비즈니스클래스 기내 좌석은 항공업계 최대 규모일 뿐 아니라, 이코노미클래스 역시 이전보다 훨씬 넓어진 개인공간을 제공하고 있다. 싱가폴 항공의 기내 엔터테인먼트 시스템인 크리스 월드는 1천여 가지가 넘는 엔터테인먼트 프로그램과 함께 사무용 소프트웨어 기능을 갖추고 있어, 기내서비스의 새로운 개념을 정립하고 있다는 평가를 받고 있다.

(2) 대한항공과 아시아나항공: 토털서비스

대한항공은 "고객은 단순히 비행기를 타고 내리는 데 만족하지 않는다"라고 말하며 고객에게 개별서비스를 제공해주는 One to One 서비스 마케팅으로 고객의 감동을 이끌어내기 위해 노력하고 있다. 주요 토털서비스로는 임산부, 노약자, 장애인을 위한 전동차서비스, 항공권 예약구매 채팅 및 문자서비스, 국제선 웹체크인서비스, 코트룸서비스 등 고객들에게 각종 이벤트 및 사은행사를 제공하는 서비스 등이 있다. 아시아나의 경우 "고객의 가려운 곳을 긁어주는 토털서비스"를 제공한다는 것을 목표로 하여 에쿠스 유로의전서비스, 입국고객에 대한 대중교통 대신 고급세단 이용서비스, 유명인사 경호서비스, 외국승객전문 통역서비스 등을 제공하고 있다.

사례연구

저가 항공사의 서비스 전략 연구

1. 국내 저비용 항공사, '좀 더 편안하게'··· 좌석 차별화 전략

저가 항공사(LCC)의 차별화 경쟁이 치열해지고 있다. 각기 다른 특징을 내세우며 시장 점유율 올리기에 노력을 기울이고 있고, 특히 여행의 시작과 끝을 책임지는 좌석에도 차별화를 두고 있다.

에어부산과 에어서울은 에어버스 기종을 사용한다. 에어부산의 경우 A320-200기종(162석 규모) 6대, A321-200기종(195석 규모) 10대 총 16대를, 에어서울은 A321-200 총 3대를 운영 중이다.

에어부산은 좌석 수를 줄이는 대신 좌석 앞뒤 간 간격을 넓혀 195석이고, 기내 좌석 간 간격이 동종 기종을 사용하는 대형 항공사와 동일한 평균 32.5인치다.

에어부산 관계자에 따르면, 다른 저비용 항공사보다 간격이 넓어 3시간 이상 소요되는 중단거리 노선도 보다 쾌적하게 이용할 수 있고 특히 동남아 등 야간, 새벽 항공편의 경우, 기내에서 편하게 잠을 잘 때나 아기를 안고 타야하는 경우 좌석 간 간격이 넓어 더욱 쾌적하고 편안함을 느낄 수 있다고 설명하였다.

• 가죽 사용 - 개인모니터 장착 등 차별화 전략

티웨이 항공은 항공기 승객 좌석 시트를 가죽으로 바꿨다. 티웨이 항공에 적용된 시트 커버는 기존의 천연가죽과 인조가죽의 장점을 결합해 새롭게 개발한 친환경 소재로, 미국 델타항공과 사우스웨스트 항공을 비롯한 여러 항공사들이 해당 소재의 가죽 시트를 장착해 사용하고 있다.

진에어는 B777-200ER 항공기의 일반 좌석보다 앞뒤 간격이 약 6인치(약 15~16cm) 더 넓은 지니 플러스 시트(Jini Plus Seat)를 전체 393석의 좌석 중 48석를 유료로 운영한다. 이 서비스를 이용하는 고객에는 위탁 수하물 우선 처리 혜택 / Amenity Kit(기내 편의 용품) 무료 제공 등의 편의를 제공하고 있다.

에어서울 항공기 기내에는 좌석마다 개인 모니터가 장착되어 있어 기내에서 간단한 영상물 상영을 즐길 수 있는 점이 특징이다. USB 충전도 가능하며 현재는 코믹물 등이 상영되지만 추후에 영화 등의 서비스도 검토 중이다.

출처: 쿠키뉴스(2016.10.14.).

2. 국외 저비용 항공사

SW 성공의 세 번째 비결은 창업자인 켈러허가 SW의 기업문화로 심어놓은 '펀(Fun) 경영'이다. 1981~2001년 최고경영자(CEO)였던 켈러허는 "웃지 않는 리더를 위해 일하지 말라. 일은 재미있어야 한다"고 말하며, 자신 또한 엘비스 프레슬리 복장으로 공항에 나타나 직원과 승객들에게 농담을 던지곤 했다.

켈러허가 내세운 '펀 경영'의 핵심은 '직원은 왕'이라는 것이었다. 그는 "회사가 직원들을 왕처럼 모셔야 직원들이 고객에게 최상의 서비스를 제공할 수 있다", "많은 기업이 종교적 신념처럼 믿고 있는 '고객은 왕이다'는 말을 틀렸다", "기내에서 폭음하고 직원을 괴롭히는 불량 고객은 과감히 '해고'해야 한다"고 말하며 직원만족의 중요성을 강조하였다.

물론 고객들을 즐겁게 하기 위한 파격적인 아이디어들도 캘러허의 '펀 경영'에서 비롯된 것이었다. 어느 날 한 공항에서 SW의 비행기를 기다리던 고객들에게 출발 지연을 안내하는 방송이 흘러 나왔다. 그러나 고객들은 짜증을 낼 틈이 없었다. 곧바로 "출발 지연으로 불편을 끼쳐드려 죄송합니다. 이에 대한 보답으로 지금부터 보물찾기를 하겠습니다. 저희 직원들이 공항 내에 매직펜으로 동그라미 표시가 그려진 일 달러짜리 지폐 세 장을 숨겨 놓았습니다. 이 지폐를 찾아오시는 고객에게는 200달러의 상금과 공짜 비행기 표를 한 장씩 드리겠습니다. 자아, 준비하시고 시작!" 고객들은 공항 구석구석을 뒤지면서 신나게 보물찾기를 시작하였고, 지연 출발에 대한 불평은 전혀 없었다.

1971년 창립된 SW는 1990년대 초반 유류 값 급등과 1997~1998년 금융위기, 2001년 9.11 테러 등 숱한 위기를 겪어왔지만 감원 한 번 하지 않은 채 42년 간 연속 흑자를 이어가고 있다. 모든 게 다 경영방식의 차이에서 나타나는 결과라 하겠다.

출처: 뉴시스, 글로벌기업 '혁신'을 배워라 ⑮ 사우스웨스트항공(2016.1.21.).

학습 및 토론과제

1. 병원서비스를 이용 시 불편했던 사항에 대해 토론해 보고 해결책을 제시해 봅시다.

2. 롯데시네마, 메가박스의 차별화 서비스전략에 대해 연구해 봅시다.

3. 자신의 경험을 바탕으로 한 항공산업의 서비스전략을 제시해 봅시다.

PART 03

고객만족실무

Chapter 09

고객상담실무

Chapter 10

전화응대실무

Chapter 11

불만고객응대실무

Chapter 12

고객관계개선실무

Chapter 09

고객상담실무

학습목표

1. 고객응대화법과 고객유형별 응대법에 대해 학습한다.
2. MBTI를 통한 고객유형별 성향을 이해한다.
3. 고객응대 모범사례에 대해 연구한다.

알아봅시다

❶ 나는 고객응대화법에 대해 알고 있다. ☐ Yes ☐ No

❷ 불만족한 고객은 문제해결과 관련된 전문지식을 준비하여 응대한다. ☐ Yes ☐ No

❸ 나는 접객자세와 상황별 안내방법에 대해 알고 있다. ☐ Yes ☐ No

❹ 나는 교통수단별 상석의 위치를 알고 있다. ☐ Yes ☐ No

❺ MBTI의 목적은 자신의 성격 특성을 이해하고 이를 바탕으로 인간관계, 일처리방식에 도움을 주기 위함이다. ☐ Yes ☐ No

1. 고객상담의 이해

1) 고객응대화법

고객응대화법은 전달하고자 하는 의미를 고객에게 정확하게 이해시키고, 그 과정을 통해 친절함과 정중함이 동시에 전달되어야 하는 것이 중요하다. 고객응대에서 중요한 사항은 다음과 같다.

(1) 공손한 말씨 사용과 예의

고객과의 상담에서는 존댓말과 상대에 따른 올바른 호칭과 경어를 사용해야 한다. 또한 정성스러운 마음과 올바른 태도가 예의의 기본이므로, 마음은 없고 형식만 갖춘 고객응대가 아니라 고객의 호감을 이끌어내고 감동을 줄 수 있는 예의바른 태도가 필요하다.

(2) 진실이 담긴 대화와 적절한 몸 언어

같은 내용을 전달하더라도 감정이 어떻게 표현되느냐에 따라 전달효과가 달라지는 것처럼, 감정과 진심이 담긴 대화는 표정에 그대로 나타날 뿐만 아니라 손짓, 몸짓에 의해 전달되므로 몸 언어에도 주의해야 한다.

(3) 고객 입장 중심의 대화법

자신의 이익에 앞서 고객의 이익과 행복을 우선시한다는 서비스 정신을 바탕으로 대화를 진행하고, 대화 시에는 명확한 요점을 정확한 발음과 속도, 그리고 크기로 고객이 이해하기 쉽도록 이야기를 진행하는 것이 중요하다.

2) 고객설득화법

(1) 기본 원칙

① **고객 파악**: 고객을 만날 때 그들의 직업, 사회적 배경, 취미, 성격 등이나 고객의 의도를 잘 파악하는 것이 설득을 위한 화법에서 가장 우선적인 요소이며, 고객의 특성이나 의도를 정확하고 신속하게 파악할 수 있는 원동력이 된다.

② **칭찬과 감사의 말**: 고객의 장점을 인정하고 진심으로 칭찬할 경우 대부분의 사람들은 호감을 표현한다. 따라서 담당자는 어떠한 경우에도 마음에서 우러나오는 태도로 고객에게 봉사한다는 기본적인 서비스 정신에 따라 친절한 태도를 유지하고, 고객에 대한 감사한 마음을 아낌없이 표현하는 자세를 가져야 한다.

③ **고객의 말에 경청**: 고객의 말에 귀를 기울이고, 고객의 반응을 살펴보면서 이야기해야 한다. 자신의 입장에 집착하여 일방적으로 대화를 이끌어 갈 경우 고객을 설득할 수 없다.

고객과의 대화 시 기본적인 법칙인 7:3 과 1:2:3 화법을 기억해야 한다. 7:3은 고객으로 하여금 일곱 마디 말하게 하고, 담당자는 세 마디 이야기해야 한다. 그리고 1분 동안 말하고 2분 동안 말하게 하고, 3분 동안 동감하는 것이다.

④ **올바른 대화법 활용**: 고객의 수준에서 적합한 표현을 해야 한다. 예를 들어, 전문용어를 사용한 어려운 표현이나 많은 외국어 표현은 오해의 원인이 되거나 고객의 감정을 상하게 할수 있으니 주의해야 한다. 또한 "~하세요." 문장보다는 "~하실까요?" 하는 청유나 의뢰 형식의 대화법이 고객 중심의 대화의 기본이 된다. 그리고 부정형의 대답은 고객을 불쾌하게 하여 판매나 설득에 있어 부정적인 결과를 초래할 수 있으므로, 언제나 긍정적인 답변을 유도할 수 있는 대화 방식을 사용해야 한다.

3) 고객유형별 응대방법

	심리적인 상태	대응방법
불만족한 고객	• 자신의 구매행위 실수에 대한 자책감이 있다. • 관련된 법규나 전문가와 상의한 후 상담을 요구하는 경우가 많다. • 보상거절에 대한 불안심리도 있다. • 금전적 손해를 보상받기를 원한다. • 즉각 화를 내기도 한다.	• 고객이 만족할 수 있는 방법을 제시한다. • 전문기관을 알선한다. • 충분히 배려한다. • 보상받기를 원하는 것이 무엇인지 질문한다(즉 대체 안으로서 1안, 2안을 함께 제시한다). • 공감하면서 경청한다(상대방의 화난 상태를 공감하고 이해하는 마음을 듣는다).
무리한 요구를 하는 고객	• 때로는 고의적으로 문제를 제기하고 고객의 보상을 요구하는 경우도 있다. • 고의적으로 소란을 피운다. • 문제점과 약점을 잘 알고 있다. • 신문, TV, 고발센터에 고발 운운하며 공갈 협박성이 있다. • 형사고발 등 법적 대응하겠다는 엄포형이 많다.	• 불만 내용을 주의 깊게 메모하면서 경청한다. • 문제해결과 관련된 전문지식을 준비한다. • 과거의 유사한 피해보상 사례를 수집해 검토한다. • 문제를 그 분야 전문가의 조언을 받아 대체안을 준비한다.
화난고객	• 화를 표출한 후에는 허전하거나 후회하는 경향이 있다. • E-mail에 욕설부터 퍼붓는다. • 문제해결에 잘못되면 대표이사나 매스컴에 고발하는 등 문제를 확대시키기 쉽다. • 문서 상담에서도 불쾌한 표현, 결례가 되는 어휘를 사용한다.	• 자사의 제품에 대한 불만을 토로하거나 같이 화를 표현해서는 안된다. • Yes, But 화법으로 정중히 사과한다. • 원인을 분석하고 불만을 종합적으로 분석하며 원인에 대한 책임소재를 파악한다.
우유부단한 고객	• 어떻게 조치해야 할지 궁금한 상태에 있다. • 피해보상 요구에서도 A안과 B안 어느 것이 유리한지 결단력이 부족하다. • 제품서비스를 구매하는 데 필요한 정보가 부족한 상태이다.	• 상담 경험적 통계로 A안이 더 유리하다고 의견을 제시한다. • 인내심을 가지고 경청한다. • 소비자 스스로 의사결정을 하도록 돕는다. • 문제를 분석한 후 선택에 필요한 정보를 제시한다.

4) 표정과 아름다운 미소 연출법

표정이란 우리의 외형적 모습이 어떠한 의미를 나타날 때를 말한다. 의사소통에 있어서 우리는 주로 말을 사용하여 자신의 의사표현을 하지만, 표정을 통해서도 말하는 사람의 마음을 읽을 수 있다. 또한 좋은 인간관계를 형성하기 위하여 본래의 자신의 표정을 좋은 느낌을 전달할 수 있는 모습으로 바꾸도록 노력해야 하겠다.

(1) 표정의 체크 포인트

① 웃을 때 입을 가리는 버릇이 있는가?
② 사진을 찍거나 사람을 대할 때 자연스러운 미소를 연출할 수 있는가?
③ 자신의 표정이 다양하다고 생각하는가?
④ 자신의 표정관리를 잘 할 수 있는가?
⑤ 자신의 얼굴을 웃는 얼굴로 바꾸고 싶은 생각이 있는가?
⑥ 자신의 웃는 표정이 마음에 드는가?

(2) 바람직하지 못한 표정

① **무표정**: 상대방이 인간미를 느끼지 못한다.
② **미간(눈썹)에 주름을 세우는 표정**: 상대방에게 부정적인 인상을 주어 상대방까지 어두운 감정이 들게 한다.
③ **입술을 옆으로 꽉 다문 표정**: '나에게 아무것도 묻지 말아 주세요!'의 식으로 입을 끌어당기고 있는 표정이다. 이것은 상대방이 두려움을 느끼고 접촉을 회피하게 만든다.
④ **코웃음치는 표정**: 눈매는 쌀쌀해 보이고 입 주변은 웃고 있는 것 같은 표정으로 상대방을 대수롭지 않게 깔보거나 업신여기는 것처럼 느끼게 할 수 있다.

(3) 아름다운 미소

좋은 표정은 아름다운 미소와 함께 할 때 그 효과가 더욱 증가된다. 심리학자 매러비안의 연구결과에 따르면, 첫인상을 결정하는 요소는 '말의 내용'이 7%, '목소리'가 38%, 그리고 '신체언어'가 55%의 비율을 차지한다고 한다. 이처럼 사람과 사람이 만날 때 발생하는 초두 효과에서 말의 내용보다 보이는 부분, 즉 표정이나 바디랭귀지, 용모와 같은 시각적인 요소가 첫인상 형성에 가장 큰 영향을 미치며, 다음으로 목소리 및 억양, 음색 등의 청각적 요소 등이 중요하다는 것이다.

좋은 첫인상을 만드는 데 가장 중요한 요소는 무엇보다 호감을 느끼게 만드는 표정, 그 중에서도 자연스러운 미소이다. 아무리 잘 생긴 혹은 아름다운 외모를 가진 이성이라고 할지라도, 어둡거나 무표정한 얼굴표정은 상대방에게 호감을 주기가 어렵다. 표정이 밝아지면 음성도 밝아지며, 태도 또한 경쾌해진다.

미소는 상대방을 환영한다는 의미를 가지고 궁극적으로 자기 자신을 명랑하고 적극적인 사람으로 변화시켜 자신감을 갖게 해주고, 자연스러움, 안정감, 희망, 기쁨, 행복감을 느끼게 해준다.

5) 접객자세와 안내방법

(1) 인사의 기본자세

① **표정**: 밝고 부드러운 표정을 연출한다.

② **시선**: 고객의 눈이나 미간을 부드럽게 바라본다.

③ **턱**: 턱을 내밀지 말고 자연스럽게 당긴다.

④ **입**: 조용히 다문다.

⑤ **어깨**: 어깨에 힘을 뺀다.

⑥ **가슴, 허리, 무릎**: 자연스럽게 곧게 펴서 일직선이 되도록 유지한다.

⑦ **손**: 여성은 오른손이 위로 가도록 하고 두 손을 앞으로 모으고, 남성은 두 손을 계란을 쥔 모양으로 감싸 쥐며 바지 옆선에 가볍게 둔다. 남녀 모두 너무 힘을 주면 긴장되어 보이므로 주의해야 한다.

⑧ **발**: 무릎과 발뒤꿈치는 서로 붙이고 양발은 가지런히 모은다.

(2) 인사의 종류

① **목례**: 가볍게 5도 정도 머리만 숙여서 예의를 표하는 것으로, 실내나 복도에서 자주 마치는 사람이나 모르는 사내 사람과 마주칠 때, 통화 중에 오거나 상사가 들어올 때 시행한다.

② **보통례**: 보통 2~5m 거리에서 인사말과 함께 30도 인사하는 것으로 보통 윗사람이나 내방객을 만나거나 헤어질 때, 상사 외출 때나 귀가 지시 또는 보고 후에 활용한다. 그러나 퇴근 시 윗사람에게 "수고하셨습니다"라는 말과 함께 보통례를 하는 경우는 실례이니, "먼저 퇴근하겠습니다" 또는 "내일 뵙겠습니다"라고 한 후 보통례로 인사하는 것이 좋다.

③ **정중례**: 바로 선 자세에서 1.5m 정도 앞을 보고 45도로 숙인 후 천천히 상체를 일으킨다. 이것은 공식 석상이나 면접에서 처음 만나 인사할 경우나, 사죄의 뜻을 전달하거나 예의를 갖추어 부탁할 때 또는 고객에게 진정한 감사의 표현을 전할 때 사용된다.

(3) 손님 안내 방법

① 방문객 안내 요령

- 방문객보다 두세 걸음 앞에서 안내하고, 방문객의 대각선 방향(방문객에게는 130도)에서 안내한다.
- 눈, 입, 어깨, 손을 동시에 사용하여 안내하고, 팔은 45도 정도 위치로 들고

안내한다.

- 손가락은 가지런히 펴고 엄지손가락을 벌리지 않고 손바닥을 위쪽으로 하여 방향을 안내한다.
- 시선은 고개와 함께 움직이고 안내 시 어깨를 펴고 등을 굽히지 않는다.

② 복도에서의 안내 요령

- 복도의 크기를 고려하여 손님보다 약간 앞서간다.
- 모퉁이를 돌 때에는 가야 할 방향을 가리킨다.

③ 계단에서의 안내 요령

- 계단에서 안내할 때에는 손님과 1~2계단 떨어져서 약간 앞서간다.
- 계단에 난간이 있을 때에는 손님이 난간의 손잡이를 잡을 수 있도록 배려한다.

④ 응접실에서의 안내

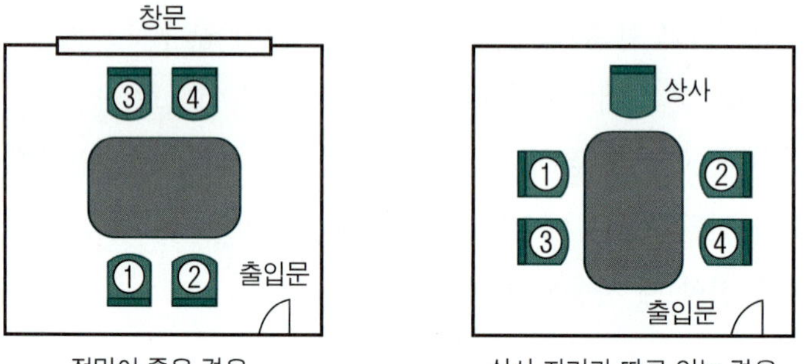

전망이 좋은 경우 / 상사 자리가 따로 있는 경우

출처: 서비스 리더스.

- 손님이 응접실에 도착하시면 문 앞에서 "이 쪽입니다"라고 말하고 들어간다.
- 의자를 권할 때에는 손님에게 상석을 제안한다.

- 상석의 위치를 정확히 파악한 후 손님의 직위와 중요도를 고려하여 안내한다.
- 일반적으로 고객이 가장 편안하고 쾌적하게 여길 수 있는 곳이 상석으로, 응접실의 구조와 계절에 따라 달라질 수 있다.
- 일반적 상석으로는 사람의 출입이 적은 곳, 소음이 적은 곳, 비좁지 않고 넉넉한 곳 등 심리적 안정을 줄 수 있는 좌석 또는 아름다운 풍경이 보이는 곳을 상석이라고 한다.
- 상사의 자리가 마련되어 있는 경우는 상사와 가까운 곳, 특히 오른쪽이 상석이다.
- 창문이나 액자가 있는 경우에는 전망이나 그림이 보이는 곳이 상석이다.

⑤ 각종 교통수단 안내

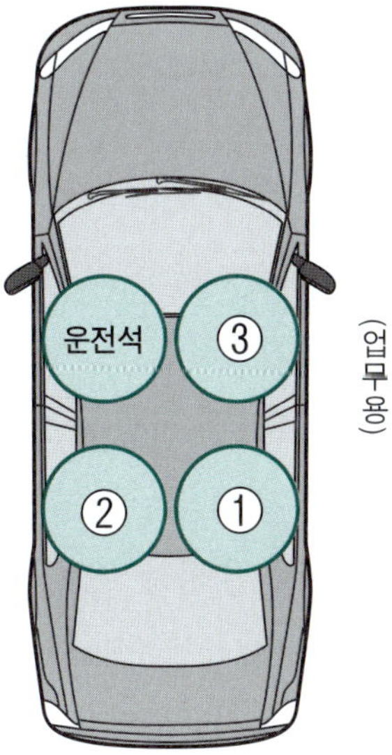

운전기사가 있는 경우

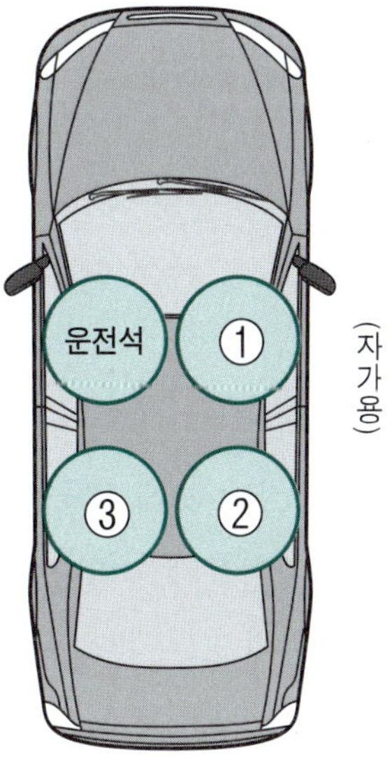

자가 운전의 경우

출처: 서비스 리더스.

- 승용차의 경우, 운전기사 있는 경우에는 뒷줄 운전기사와 대각선에 있는 좌석이 상석이고, 운전기사 옆 좌석이 말석이다. 자가운전인 경우에는 운전석 옆 좌석이 상석, 뒷줄의 가운데 좌석이 말석으로 인식된다.
- 열차에서는 열차 진행방향으로 밖을 볼 수 있는 창가가 상석이고, 마주보이는 곳이 차석이다.
- 비행기에서는 비행기 밖을 볼 수 있는 창가좌석이 상석, 통로쪽 좌석이 차석, 가운데 불편한 좌석이 말석이다.

2. 고객유형별 응대

1) 고객유형의 이해 및 분석(MBTI)[1)]

마이어스-브릭스 유형 지표(MBTI: Myers- Briggs Type Indicator)는 캐서린 쿡 브릭스(Katharine C. Briggs)와 그의 딸 이사벨 브릭스 마이어스(Isabel B. Myers)가 칼 융(Carl Jung)의 성격유형이론을 근거로 개발한성격 유형 선호지표이다. MBTI는 인식과 판단에 대한 융의 심리적 기능이론, 그리고 인식과 판단의 향방을 결정짓는 융의 태도이론을 바탕으로 하여 제작되었다. 또한 개인이 쉽게 응답할 수 있는 자기보고문항을 통하여 인식하고 판단할 때의 각자 선호하는 경향을 찾고, 이러한 선호경향들이 하나하나 또는 여러 개가 합해져서 인간의 행동에 어떠한 영향을 미치는가를 파악하여 실생활에 응용할 수 있도록 제작된 심리검사이다.

MBTI의 목적은 MBTI 분석결과를 통해 자신이 어떤 사람임을 결정짓는 것이 아니라, 자신의 성격특성을 이해하고, 자신이 선호하는 성격특성을 알아봄으로써 인간관계, 일 처리 방식에 대한 이해를 더해서 도움이 주고자 하는 것이다.

1) (주)한국MBTI연구소 홈페이지 참조.

- 성격이 좋고 나쁜 것이 아니라, 서로 다르다는 것을 인정한다.
- 변명이나 합리화를 위한 것이 아니라, 성정하기 위함이다.
- 창조의 공평성에 의해 누구에게나 장점이나 단점이 있음을 인정한다.
- 비판과 편가름이 아니라, 이해하고 받아들이기 위함이다.
- 자신의 성격 특성을 이해하고, 자신의 선호하는 특성을 통해 인간관계, 일, 처리방식에 대한 이해를 갖고자 하는 것이다.

(1) MBTI의 4가지 선호경향

MBTI는 네 가지의 분리된 선호경향으로 구성되어 있다. 선호경향이란 칼 융(Carl Jung)의 심리유형론에 따르면, 교육이나 환경의 영향을 받기 이전에 이미 인간에게 잠재되어 있는 선천적 심리경향을 말하는 것이며, 각 개인은 자신의 기질과 성향에 따라 〈표 9-1〉의 4가지 이분척도에 따라 둘 중 하나의 범주에 속하게 된다.

표 9-1 MBTI의 선호경향

E	**외향형(Extraversion)** 외부세계의 사람이나 사물에 대하여 에너지를 사용	에너지 방향(주의초점) ⟷	I	**내향형(Introversion)** 내부세계의 개념이나 아이디어에 에너지를 사용
S	**감각형(Sensing)** 오감을 통한 사실이나 사건을 더 잘 인식함	인식기능(정보수집) ⟷	N	**직관형(iNtuition)** 사실, 사건 이면의 관계, 가능성을 더 잘 인식함
T	**사고형(Thinking)** 사고를 통한 논리적 근거를 바탕으로 판단	판단기능(판단, 결정) ⟷	F	**감정형(Feeling)** 개인적 · 사회적 가치를 바탕으로 한 감정을 근거로 판단
J	**판단형(Judging)** 외부세계에 대하여 빨리 판단내리고 결정하려 함	생활양식(이행양식) ⟷	P	**인식형(Perceiving)** 정보자체에 관심이 많고 새로운 변화에 적응적

출처: (주)한국MBTI연구소 홈페이지.

(2) MBTI 4가지 선호지표의 특징

① 외향형과 내향형

선호지표	외향형(Extraversion)	내향형(Introversion)
설 명	폭넓은 대인관계를 유지하며, 사교적이고 정열적이며 활동적이다.	깊이있는 대인관계를 유지하며, 조용하고 신중하며 이해한 다음에 경험한다.
대표적 표현	• 자기외부에 주의집중 • 외부활동과 적극성 • 정열적, 활동적 • 말로 표현 • 경험한 다음에 이해 • 쉽게 알려짐	• 자기내부에 주의집중 • 내부활동과 집중력 • 조용하고 신중 • 글로 표현 • 이해한 다음에 경험 • 서서히 알려짐

출처: (주)한국MBTI연구소 홈페이지.

② 감각형과 직관형

선호지표	감각형(Sensing)	직관형(iNtuition)
설 명	오감에 의존하여 실제의 경험을 중시하며 지금, 현재에 초점을 맞추고 정확, 철저히 일처리한다.	육감 내지 영감에 의존하며 미래지향적이고 가능성과 의미를 추구하며 신속, 비약적으로 일처리한다.
대표적 표현	• 지금, 현재에 초점 • 실제의 경험 • 정확, 철저한 일처리 • 사실적 사건묘사 • 나무를 보려는 경향 • 가꾸고 추수함	• 미래 가능성에 초점 • 아이디어 • 신속 비약적인 일처리 • 비유적, 암시적 묘사 • 숲을 보려는 경향 • 씨뿌림

출처: (주)한국MBTI연구소 홈페이지.

③ 사고형과 감정형

선호지표	사고형(Thinking)	감정형(Feeling)
설 명	진실과 사실에 주관심을 갖고, 논리적이며 분석적이고 객관적으로 판단한다.	사람과 관계에 주관심을 갖고, 상황적이며 정상을 참작한 설명을 한다.

선호지표	사고형(Thinking)	감정형(Feeling)
대표적 표현	• 진실, 사실에 주관심 • 원리와 원칙 • 논거, 분석적 • 맞다, 틀리다 • 규범, 기준중시 • 지적 논평	• 사람, 관계에 주관심 • 의미와 영향 • 상황적, 포괄적 • 좋다, 나쁘다 • 나에게 주는 의미 중시 • 우호적 협조

출처: (주)한국MBTI연구소 홈페이지.

④ 판단형과 인식형

선호지표	판단형(Judging)	인식형(Perceiving)
설 명	분명한 목적과 방향이 있으며, 기한을 엄수하고 철저히 사전계획하며 체계적이다.	목적과 방향은 변화 가능하고, 상황에 따라 일정이 달라지며 자율적이고 융통성이 있다.
대표적 표현	• 정리정돈과 계획 • 의지적 추진 • 신속한 결론 • 통제와 조정 • 분명한 목적의식과 방향감각 • 뚜렷한 기준과 자기의사	• 상황에 맞추는 개방성 • 이해로 수용 • 유유자적한 과정 • 융통과 적응 • 목적과 방향은 변화할 수 있다는 개방성 • 재량에 따라 처리될 수 있는 포용성

출처: (주)한국MBTI연구소 홈페이지.

(3) MBTI 16가지 유형

ISTJ (세상의 소금형)	ISFJ (임금뒷편의 권력형)	INFJ (예언자형)	INTJ (과학자형)
한 번 시작한 일은 끝까지 해내는 사람들	성실하고 온화하며 협조를 잘 하는 사람들	사람과 관련된 뛰어난 통찰력을 가지고 있는 사람들	전체적인 부분을 조합하여 비전을 제시하는 사람들

ISTP (백과사전형)	ISFP (성인 군자형)	INFP (잔다르크형)	INTP (아이디어 뱅크형)
논리적이고 뛰어난 상황 적응력을 가지고 있는 사람들	따뜻한 감정을 가지고 있는 겸손한 사람들	이상적인 세상을 만들어가는 사람들	비전적인 관점을 가지고 있는 뛰어난 전략가들
ESTP (수완 좋은 활동가형)	**ESFP (사교적인 유형)**	**ENFP (스파크형)**	**ENTP (발명가형)**
친구, 운동, 음식 등 다양한 활동을 선호하는 사람들	분위기를 고조시키는 우호적 사람들	열정적으로 새로운 관계를 만드는 사람들	풍부한 상상력을 가지고 새로운 것에 도전하는 사람들
ESTJ (사업가형)	**ESFJ (친선 도모형)**	**ENFJ (언변 능숙형)**	**ENTJ (지도자형)**
사무적, 실용적, 현실적으로 일을 많이 하는 사람들	친절과 현실감을 바탕으로 타인에게 봉사하는 사람들	타인의 성장을 도모하고 협동하는 사람들	비전을 가지고 사람들을 활력적으로 이끌어 가는 사람들

출처: (주)한국MBTI연구소 홈페이지.

2) 선호경향에 맞는 커뮤니케이션 방법

외향형(E)	내향형(I)
• 고객의 의견을 말할 기회를 많이 준다. • 고객의 결정에 따른 가시적인 결과를 보여 준다.	• 질문에 응답할 시간을 충분히 준다. • 고객의 개인적 흥미나 계획에 따라 커뮤니케이션이 진행될 수 있도록 한다.
감각형(S)	**직관형(N)**
• 고객이 상품이나 서비스를 듣거나 보는 데 그치지 않고 만져보고 경험할 수 있는 기회를 준다. • 시청각자료를 이용하여 구체적인 경험을 제공한다. • 실제 생활에서 사용할 수 있는 사실이나 기술을 중심으로 상품 또는 서비스를 설명한다. • 주요 대목만 짚고 비약적으로 넘어가면서 설명하지 않도록 주의한다.	• 창조성이나 독창성이 강조되는 상품이나 서비스를 중심으로 설명한다. • 고객과 적극적인 방식의 커뮤니케이션을 통해 소통한다.

사고형(T)	감정형(F)
• 장단점 등 내용을 논리적으로 조직화하여 전달한다. • 인과 관계를 분명히 알 수 있는 결과를 제시한다. • 고객의 선택 결과를 객관적으로 분명히 볼 수 있는 피드백을 한다.	• 다른 사람들과 함께 할 수 있는 상품이나 서비스를 제안한다. • 고객과의 관계에서 개인적 친밀감을 강조하고 자주 칭찬한다.
판단형(J)	**인식형(P)**
• 상품이나 서비스의 계획된 구조를 제공한다. • 상품이나 서비스의 다음 과정이 예측 가능하고 일관성 있는 진행을 제시한다. • 미리 정해진 절차를 제시한다. • 일정표 또는 마감일(시간)을 중시한다.	• 고객 스스로 해결방안을 선택할 수 있도록 한다. • 관심을 끌 수 있는 상품이나 서비스를 제안한다. • 심각하지 않고 즐거운 놀이라고 인식되는 상품이나 서비스를 추천한다.

3. 고객응대 현장모범사례

1) 벌레보다 고객의 마음을 잡는 방제회사 세스코

네티즌의 황당한 질문에도 전문 지식을 바탕으로 성실한 답변을 해주어 팬클럽까지 생긴 해충 방제업체 세스코의 유머코드가 긍정적인 기업 이미지를 형성하는 데 도움을 주었을 뿐만 아니라, 기업 컨셉을 알려주는 데 큰 몫을 하였다.

질 문	답 변
지구를 지키는 공익근무요원입니다. 지구를 지키는 도중 간식시간이 되면 매번 나타나는 40년 묵은 벌레가 한 마리 있는데요. 벌레가 어찌나 입이 걸걸한지, 오늘도 피자 OO 아시죠? 그거 배달왔는데 우리껀데 bb 자기가 한 판을 들고 가더라고요. 그런 벌레가 맨날 욕만하고 사주지 않으면서ㅜㅜ 길이 160 정도에 햇빛을 싫어하고 직립보행이 가능한 이 벌레는 어떻게 박멸하면 되나요?(김기도)	벌레를 차단하는 방법에는 물리적인 방법과 화학적인 방법이 있다는 것은 아십니까? 이 경우에는 간단한 물리적인 조치로 해결될 수 있을 것 같습니다. 벌레는 항시 음식물이 있는 곳에 꼬이기 마련입니다. 따라서 음식물에 대한 관리가 우선되어야 하는 것이지요. 간식을 주문할 때 도착장소를 변경한다든지 좀 외부로 나가서 받아 들고 오는 것을 고려해보시기 바라며, 배달 음식물을 받은 후에는 즉시 펼쳐서 신속하게 취식을 하고 부스러기나 냄새까지 남지 않도록 조치합니다. 필요시에는 취식장도를 변경해보도록 하고요. 공익근무요원은 간식시간이 따로 있나 보네요. ^^;
바퀴와 친해질 수 있나요? 되면 무지 친해질텐데 ㅋㅋ	뭐 보통 바퀴들이 1년 이상의 수명을 가지고 있기 때문에 친해질려면 친해질 수 있지만 문제는 많이 몰려 있는 상태라 누가 누구인지 알아볼 수 없다는 거죠 —;

출처: 한국경제, 방역전문 세스코 '고객만족경영'(2001.8.28.).

2) 포도 한 송이에 피어난 고객만족의 꽃(다카시마야 백화점)

업무를 처리하다 보면 예외사항이 많이 발생한다. 그때마다 예외사항을 일일이 상부에 보고한 후에 처리하다 보면 신속하게 일을 진행할 수 없다. 따라서 다카시마야 백화점에서는 언제나 고객의 의견을 수렴하고, 고객에 입장에서 이롭게 판단하여 처리함으로써 고객이 진심으로 기뻐하는 모습을 보고 자신이 만족을 느낄 수 있다면 이것이 진정한 고객만족이라 강조하고 있다.

일본 도쿄 다카시마야 백화점. 170년 전에 문을 연 이곳은 일본에서 고객접점 서비스가 동종업계 중 가장 뛰어나다는 평가를 받고 있는 곳이다.

"남을 돕는 마음을 갖자."

어느 사회봉사단체 구호나 슬로건처럼 들리는 이 문구가 이 백화점의 근무지침이다. 이는 어느 식품매장 직원의 아름다운 미담이 그 계기가 되었다. 1989년 5월, 도쿄 변두리의 허름한 방에 파리한 얼굴의 한 소녀가 누워 있었다. 그녀의 병명은 혈액 암. 딸의 불행 앞에서 어머니의 가슴은 찢어지는 듯이 아팠다.

"엄마, 나 포도가 먹고 싶어."

마지막일지 모르는 딸의 소원을 듣고 어머니는 무작정 포도를 찾아 나섰다. 그러나 5월 봄 포도를 구한다는 것은 쉽지 않은 일이었지만, 소녀의 어머니는 마침내 다카시마야 백화점 식품부에서 포도를 발견한다.

그러나 어머니는 포도를 앞에 두고 긴 한숨을 쉬었다. 오동나무 상자 속에 고급스럽게 포장되어 있는 포도 값은 수만 엔인데 자기고 있는 돈은 2천 엔뿐이었다.

이를 유심히 지켜보던 직원이 다가와 사연을 물었다. 어머니는 암에 걸려 시한부 삶을 살고 있는 딸애가 포도가 먹고 싶다고 해 찾아왔지만, 포도를 사기엔 턱없이 돈이 부족하다며 혹시 포도 몇 알만 팔 수 없느냐고 부탁했다. 그 직원은 낱알로는 팔 수 없는 백화점 규정을 어기면서까지 기꺼이 송이를 잘라 예쁘게 포장을 해서 어머니에게 건네 주었다. 어머니의 소망, 아니 병든 어린 소녀의 간절한 소망을 들어 준 것이다.

이 사연은 소녀의 치료를 담당했던 의사가 마이니치 신문(1989년 5월 4일)에 기고하면서 일본 전역에 알려지게 된다. 당연히 백화점은 이미지가 좋아지면서 손님이 증가했고, 매출도 급성장하게 된다. 이후 이 백화점은 '한 알의 포도를 담았던 마음을 소중히 하자'는 근무 지침이 채택되었고, 신입사원 친절교육에서도 교재로 활용하고 있다. 판매 현장 직원의 고객에 대한 조그마한 배려가 회사발전의 커다란 계기가 된 것이다.

출처: 국제뉴스, 국민에게 박수 받는 병무행정(2016.8.23.).

3) 고객밀착서비스(일본 MK 택시)

MK 택시의 직원교육 중 가장 핵심은 인사와 배려심이다. 이것은 고객에 대한 존경심의 표현으로 고객과의 관계에 있어 중요한 열쇠가 된다. 또한 진심 어린 마음에서 우러난 서비스를 하게 된다면, 당장 눈앞에 보이는 이득이나 성과는 없을 지라도 결국은 그 진심이 고객에게 전달된다는 MK 택시의 기업이념을 실천한 것이라 할 수 있다.

겨울비가 내리는 어느 저녁. 보기에도 행색이 초라한 할머니 한 분이 우산도 쓰지 않은 채 보따리를 이고 택시를 기다리고 있었다. 몇 대의 택시가 할머니의 행색을 보고 그냥 지나쳤다. 20~30분쯤 지나 택시 한 대가 할머니 앞에 멈추더니 택시에서 내린 기사가 할머니를 조심스레 택시에 태웠다. 잠시 후 할머니의 젖은 몸에서 흘러내린 빗물이 시트를 적셔왔다. 할머니는 기사의 눈치가 보여 영 편치가 않았다. 그러나 택시기사는 이에 아랑곳하지 않고 히터를 올려 택시 안을 훈훈하게 데워 놓았다.

변두리 달동네. 택시가 도착했을 때까지 빗줄기는 여전 내리고 있다. 택시기사는 준비해두었던 우산을 펴 할머니께 쥐어드리며 말했다.

"할머니, 이 우산 쓰고 가세요. 그리고 다음에 저희 회사 택시 보시면 그때 돌려주세요."

인사를 마친 운전기사는 할머니가 골목 모퉁이를 돌아 사라질 때까지 전조등으로 그 골목 안을 오랫동안 비추고 있었다. 할머니가 쓰고 가시는 우산에는 'MK 택시'라는 글자가 선명하게 빛나고 있었다.

출처: 네오넷코리아(2004). MK 택시의 성공적인 기업경영전략. 나카무라 겐이치 저.

학습 및 토론과제

1. 역할극 방식을 통해 고객유형별 응대방법을 실습해 봅시다.

2. 나의 강점과 약점을 서술하고 다른 유형과 차이점을 살펴 봅시다.

3. 나와 다른 유형의 사람들과 효과적인 의사소통방법을 사용하여 문제를 해결해 봅시다.

Chapter 10

전화응대실무

학습목표

1. 전화응대의 중요성과 전화응대 핵심요소를 이해한다.
2. 전화응대 시 바람직한 경어 사용법을 학습한다.
3. 전화응대실습을 통해 상황에 맞는 전화응대방법을 습득한다.
4. 콜센터 인바운드와 아웃바운드의 특성을 이해한다.

알아봅시다

❶ 나는 평소에 인사말과 함께 전화를 받는다. ☐ Yes ☐ No

❷ 전화응대는 기업 이미지의 첫 인상이며 경쟁력이라고 생각한다. ☐ Yes ☐ No

❸ 전화응대의 3대 핵심원칙은 '신속, 친절, 정확하게'이다. ☐ Yes ☐ No

❹ 나는 휴대전화 사용 시 매너를 잘 지키고 있다. ☐ Yes ☐ No

❺ 나는 콜센터의 인바운드와 아웃바운드의 개념을 이해한다. ☐ Yes ☐ No

1. 전화응대

1) 전화응대의 중요성

21세기에 전화는 비즈니스에 있어서 중요한 수단일 뿐만 아니라, 기업경쟁력과 이미지를 가늠하는 데 활용되기도 한다. 상대방을 만나지 않아도 전화상으로 호감과 비호감의 인상을 남길 수 있으며, 고객에게 서비스의 온기와 냉기를 충분히 전할 수 있기 때문이다. 또한 전화는 얼굴이 보이지 않기 때문에 상대방이 오해하기 쉽다.

이처럼 보이지 않는 전화기 너머로 우리의 모습과 감정을 상상하고 오해하는 고객은 우리의 어떤 행동과 표현을 단서로 우리를 단정짓고 상상하는 걸까 생각해 볼 필요가 있다.

직장에서 올바른 전화응대는 업무능력 향상과 직결되는 요소로, '업무의 기본'이라고 할 수 있으며, 업무를 위한 인간관계도 전화를 통하여 이루어진다고 해도 과언이 아닐 정도로 전화가 차지하는 비중이 큰 만큼, 정중하고 예의바른 전화응대의 중요성을 간과해서는 안 된다.

효과적이며 성공적인 비즈니스와 고객서비스를 이루기 위해 전화응대의 기본 특성과 원칙을 이해하고 연습해 보기로 하자.

2) 전화응대의 특성

그림 10-1 전화응대의 특성

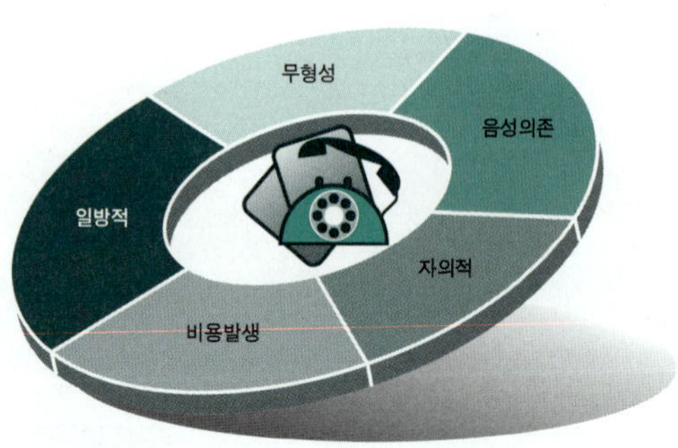

① **음성의존**: 목소리만의 커뮤니케이션이므로 언어는 정확하게, 천천히, 밝게, 정중하게, 적당한 음량으로 인사하고 대화한다.
② **자의적**: 상대방의 표정이나 태도 주변 환경에 대해 알 수 없으므로, 자의적 추측으로 실례를 범할 수 있으므로 통화가 길어질 때는 반드시 상대방에게 물어본다.
③ **비용발생**: 메모 준비를 하여 간결한 통화습관을 기르며, 상대방을 기다리게 할 경우에는 끊은 다음에 다시 건다.
④ **일방적**: 예고 없이 걸려오는 전화는 형편이 나쁘거나 전화 받기 어려운 상황에서 불시에 걸려올 수 있으므로, 형편이 나쁠 때는 정중히 그 뜻을 전달한다. 특히 출근 직후나 퇴근 직전, 점심시간 전 후 등 바쁜 시간은 피하는 게 좋다.
⑤ **무형성**: 증거를 남기기 어려운 점을 고려하여 용건은 확인복창을 하고, 상대방의 이름과 소속을 확인하며 본인의 신분도 밝힌다.

3) 전화응대의 3요소

(1) 신속

① 전화벨은 2~3번 울리기 전에 받고 간결하게 통화한다.
② 용건은 5W1H로 말한다.
③ 불필요한 말을 반복하거나 농담이 길어지지 않도록 한다.

(2) 정확

① 발음을 명확하게, 분명하게, 또박또박 한다.
② 전문용어나 틀리기 쉬운 단어의 사용을 지양한다.
③ 중요한 부분은 천천히 강조하여 말한다.
④ 끝까지 경청하여 상대방의 말을 지레 짐작하지 않는다.

(3) 친절

① 상대에 차별 없이 경어를 사용한다.
② 정성스럽게 진심어린 마음으로 대화한다.
③ 상대방의 말을 끊거나 말을 가로채지 않는다.
④ 필요 이상으로 큰 소리를 내거나 웃지 않는다.
⑤ 상대의 언성이 높아지거나 논쟁이 생기면 상대방을 이해하는 마음으로 한발 물러서서 언쟁을 피한다.
⑥ 자신의 불쾌한 감정을 목소리에 나타내지 않는다.

2. 상황별 전화응대

1) 바람직한 경어 사용법

(1) 효과적인 대화법

① 배려하는 말씨
㉠ 명령형은 청유형으로
㉡ 부정형은 긍정형으로
㉢ 쿠션언어의 사용

예 미안합니다만/죄송합니다만/실례합니다만/번거로우시겠지만/힘드시겠지만

② 호감을 주는 말씨
㉠ 교양 있게 이야기한다.
㉡ 재치 있게 이야기한다.

㉢ 상황에 맞게 이야기한다.
㉣ 성실하게 듣고 관심을 표시한다.
㉤ 진실한 칭찬을 한다.
㉥ 결점을 들추지 않는다.
㉦ 정중하게 이야기한다.

③ 관계성을 돈독히 하는 말씨

상대방과 주고 받기 좋은 대화를 위해서는 풍부하고 공통된 화제를 이끌어 내야 하며, 그러기 위해서는 예리한 관찰력, 많은 사물을 접하고 생각하는 습관, 문제의식 등을 길러야 한다.

예 일/여행/날씨/가족/취미/뉴스/건강/결혼 등

(2) 예의 바른 경어 사용법

① **존경어**: 말하는 상대, 즉 듣는 사람이나 화제 중에 등장하는 인물에 대한 경의를 나타내는 말이며, 그 사람이나 사물, 행동에 대해서 사용한다.

예 ○○씨/○○여사/귀하/어느 분/사장님께서 가십니다/훌륭하신 말씀입니다

② **겸양어**: 말하는 사람의 입장을 낮추고, 상대방이나 화제에 등장하는 사람에게 경의를 나타내는 말이다.

예 여쭈다/저희들/뵙다/저희/들다

③ **공손어**: 상대방에게 공손한 마음을 표현할 때 말하는 사람의 자기 품위를 위하여 쓰는 경우를 의미한다.

> 예 보고 드립니다/말씀해 주십시오/안녕하십니까?/입니다

(3) 적절한 호칭의 사용법

호칭은 특정한 사람을 가르쳐 말하는 명칭으로, 상대의 주의력을 한 곳으로 유도하거나 자기를 상대에게 인식시키거나 대화 중에 특정의 대상에 대한 인식을 높이기 위해 쓰인다. 따라서 호칭은 상대의 유형에 따라 다르고, 같은 사람이라도 누구에게 그 사람을 말하느냐 따라 달라진다.

① 직장에서의 호칭

㉠ 상급자에 대한 호칭

- 부장님, 과장님: 직속상급자는 직급의 명칭에다 '님'을 붙여 부르고 말한다.
- ○○○ 부장님, ○○○ 과장님: 다른 부서의 상급자는 직책과 직급의 명칭에다 '님'을 붙여 부르고 말한다(총무 과장님, 경리 과장님).
- ○ 부장님, ○ 과장님: 직속이 아니고 직책이 없이 직급만 있는 상급자는 직급 위에 성을 붙이고, 직급 아래에 '님'을 붙여 부르고 말한다(김 과장님,이 과장님).

㉡ 하급자에 대한 호칭

- 과장, 대리: 같은 직급에 여러 사람의 하급자가 있으면 성이나 성명 위에 붙여 말한다.
- ○○ 과장, ○○ 대리: 직속 하급자나 타 부서 하급자에 같은 직급명의 경우에는 직책명과 직급명을 부르고 말한다(경리 과장, 서무 대리).
- ○ 차장, ○ 과장: 직책이 없이 직급만 있는 하급자는 '성'을 붙여 직급명을 부르고 말한다(이 차장, 김 과장).
- ○○ 씨, ○○ 여사: 직책과 직급명이 없는 하급자는 성과 이름에 '씨'를 붙여 부르고 말한다. 기혼여성은 '여사'를 붙인다.

- ○군, ○양, ○○○군, ○○○양: 나이가 10년 이상 아래이며 미혼인 남녀 하급자의 경우 남자는 성이나 이름에 '군'을 붙이고 여자는 '양'을 붙여 부르고 말한다.

㉢ 동료, 동급자의 호칭

- ○○○ 과장님: 동급자라도 연령이 위이면 직급에 '님'을 붙인다.
- 선생님: 나이가 10년 이상 위이면 '선생님'을 붙인다.
- 선배님: 나이가 10년 이내의 위이면 '선배님'을 붙인다.
- ○○○ 씨: 같은 또래로서 친숙한 사이면 성이나 성명에 '형'을 붙이고, 친숙하지 않은 동년배는 '씨'를 붙인다.
- ○ 군, ○ 양: 나이가 10년 이상 아래인 미혼자 또는 미성년자는 남자는 '군', 여자는 '양'이라 부른다.

② 사회생활에서의 호칭

㉠ 아는 사람에 대한 호칭

- 어르신네: 부모의 친구 또는 부모같이 나이가 많은 어른
- 선생님: 학교의 선생님이나 존경하는 어른
- 노형(老兄): 11년 이상 15년까지의 연장자
- 형(님): 6년 이상 10년까지의 연장자 또는 아직 친구가 되지 못한 아래로서 10년 이내에 드는 상대
- 이름, 자네: 아래위로 10년 이내의 나이 차로 친구같이 지내는 사이
- ○○○ 씨: 친숙한 관계가 아닌 10년 이내의 연장자와 기혼, 성년의 연하자.
- ○○님: 상대가 위치한 직책, 직급명에 '님'을 붙인다(사장님, 박사님, 교수님).
- ○○ 아버님 ○○ 어머님: 친구의 부모는 친구의 이름에 아버님, 어머님을 붙인다.
- ○○ 형님, ○○ 누님: 친구의 형이나 누이도 친구의 이름을 붙여 말한다.

㉡ 모르는 사람의 호칭

- 노인어른, 노인장: 할아버지, 할머니 같이 나이가 많은 어른
- 어르신네: 부모같이 나이가 많은 어른
- 선생님: 존경할 만큼 점잖거나 나이가 많은 어른
- 노형(老兄): 자기와 동년배인 상대(남자끼리)
- 형씨: 자기보다 아래위로 10년 이내에 드는 상대(남자끼리)
- 부인: 자기의 부모보다는 젊은 기혼의 여자
- 댁: 같은 또래(10년 이내)의 남자와 여자
- 젊은이, 청년: 자기보다 15년 이하인 청장년
- 총각: 미성년자
- 아가씨: 미성년인 여자 또는 미혼인 젊은 여자
- 학생: 학생신분의 남녀
- 소년, 얘: 초등학생 이하의 아이들

2) 상황별 전화응대

상 황	응대방법
전화 받을 때	• 인사 및 소속과 이름을 밝힌다. "안녕하십니까?" "OO부. OOO입니다." • 상대방을 확인한 후 인사한다. "실례지만 어디십니까? 무엇을 도와드릴까요?" "그동안 안녕하셨습니까?"
전화 연결할 때	• 다른 사람에게 연결 시에는 보류 버튼을 누르거나 수화기를 손으로 막고 상대방의 성명과 용건을 간단히 전화하고 연결한다. • 끊어질 경우를 대비하여 내선번호(전화번호)를 안내한다. • 지연되는 경우에는 수시로 중간 상황을 알려준다. "잠시만 기다려 주시겠습니까? 혹시 전화가 끊어지면 OOO 번호로 다시 걸어주시면 됩니다."

늦게 받았을 때	• 전화벨이 여러 번 울려서 늦게 전화를 받은 경우 "늦게 받아서 죄송합니다. OOO부서 OOO입니다." "오랫동안 기다리셨습니다. OOO부서 OOO입니다."
잘못 걸려왔을 때	• 잘못 걸린 전화라도 친절하게 응대한다. "죄송합니다. 여기는 OOO이라는 곳입니다. 다시 한 번 확인하고 걸어주시겠습까?"
부재 중일 때	• 부재 중임을 알리고 메모를 한다. • 업무 가능한 다른 담당자를 연결하거나 직접 해결이 가능한 경우에는 해결해 준다. "죄송합니다만 담당자가 자리에 안 계십니다. 메모를 남겨드릴까요?"
위치 물어 봤을 때	• 정확히 설명 가능한 약도나 안내 책자를 비치해 두고 대형건물, 대표정류장 이름, 교통편 등을 익혀 놓는다. • 상대방 위치의 기준에서 이용차편을 묻고 설명한다. • 필요한 경우 약도를 팩스로 전송한다.
다른 직원의 전화번호를 요구할 때	• 신분이 확인되지 않는 경우에는 섣부르게 전화번호를 알려주기보다는 중간자로서의 역할을 한다.
전화가 잘 들리지 않을 때	• 전화가 잘 들리지 않는다고 소리를 크게 내지 않도록 주의한다. "죄송하지만 한 번 더 말씀해 주시겠습니까?" "연결 상태가 좋지 않습니다. 다시 걸어주시겠습니까?"
전화가 끊어졌을 때	• 전화를 건 사람이 다시 걸어준다. "죄송합니다만, 전화가 도중에 끊어졌습니다."
전화를 끊을 때	• 인사말을 한다. • 상대방이 수화기를 내려 놓은 후 조용히 내려 놓는다. • 추가 문의가 있는지 질문한다. "혹시 더 궁금하신 내용이 있으십니까?" "감사합니다. 좋은 하루 되십시오"

메모받는 요령

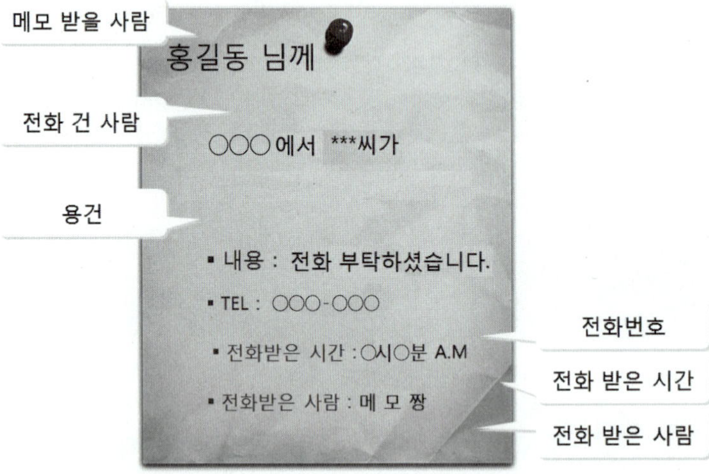

3) 휴대폰 전화예절

① 공공장소에서는 사용하지 않는다. 버스나 전철, 기차 등 대중교통수단 이용 시 주변에 피해를 주지 않도록 한다.

② 불가피한 경우 벨소리를 진동으로 하고, 조용한 소리로 짧게 통화한다.

③ 걸려오는 전화는 반드시 받고, 받지 못한 경우 리콜을 한다.

④ 운전 중에는 핸즈프리를 사용한다.

⑤ 항공기나 주유소, 병원 등 각종 첨단기기의 오류를 발생시킬 수 있는 경우는 삼간다.

⑥ 카메라폰을 이용하여 인물, 대상 등을 무단 촬영하는 것은 법에 저촉되는 행위이며, 영화나 공연 내용을 촬영하는 것도 위법이다.

⑦ 전화를 먼저 건 사람이 먼저 전화를 끊도록 한다.

사례연구

보이지 않는 인격–전화, 문자

요즘은 전화로 통화하기보다는 카카오톡 등의 문자서비스를 이용하는 경우가 훨씬 더 많지요. 하지만 휴대전화가 보급되기 전엔 유선 전화를 이용해 연락을 주고받았는데요. 제가 어릴 적만 해도 집에 전화가 딱 한 대밖에 없어 어쩌다 친구와 전화라도 할라치면 아버지가 받으셔서 "누구냐?", "아버지는 뭐 하시냐?", "왜 전화했냐?" 등 친구랑 통화 한 번 하는 데 통과해야 하는 관문이 꽤나 까다로웠습니다. 그래서 남의 집에 전화를 했을 때는 본인의 이름을 밝히고 무슨 관계인지, 용건이 뭔지를 먼저 말씀드리는 게 예의라고 늘 교육을 받았습니다. 또 대학 때 남자친구랑 밤새 통화하며 속닥여야 하는데 부모님이 먼저 받으시면 안 되기에 전화벨이 두 번 울렸을 때 받아야 한다는 둥 약속을 하기도 하고, 한 집에 같은 번호로 두 대의 전화기를 사용했는데, 남자친구와의 통화를 엄마가 몰래 들으시곤 때로 혼쭐이 나기도 했습니다.

휴대전화가 없는 시대였으니 약속장소에서 어긋나면 연락할 길이 없어 다방으로 전화를 하거나 다방 게시판에 쪽지를 꽂아놓기도 했고, 연락이 안 되는 여자친구 집 앞에서 종일 기다리기도 일쑤였으며 공중전화 부스에 길게 줄을 서 동전 떨어지는 소리에 애가 타며 통화를 하곤 했던 추억. 어느새 아련합니다.

하지만 이젠 스마트폰 시대가 되어 전화예절도 많이 달라졌습니다. 개인 휴대전화 덕에 다른 사람에게 바꿔 달라 할 일이 거의 없어졌지만, 아직도 식당을 예약할 때는 유선전화를 이용하는데요. 전화를 받는 사람의 태도가 아주 중요합니다. "어디 맞죠?" 묻기 전에 "여기 어디입니다" 해야 하고, 며칠, 몇 시, 몇 명, 예약을 부탁하면 다시 반복해 확인해야 하며, 교통편을 물었을 때 승용차인지, 버스인지, 지하철인지, 도보인지를 구분해 자세히 설명해야 합니다. 그러나 대부분의 업소는 예약전화를 하면 듣고 나서 확인절차 없이 그냥 끊거나 당일이나 전날 확인 전화도 없고, 방문 전 교통편을 묻거나 주소를 물으면 대충 가르쳐주거나 본인 위주로 설명을 하기도 하고, 결국 잘 모른다며 이 사람 저 사람 바꾸기도 해 답답한 경우가 많습니다.

일 때문에 기업에 전화했을 때도 먼저 확인할 것 다 하고 나서 담당자를 바꿔 다시 또 설명해야 하거나, 혹은 담당자가 없다며 그냥 끊어버려 황당한 경우도 있고, 뭔가 물어보고는 말할라 치면 종이를 준비하는지 잠시 기다리라 하거나 잘 모른다며 알아보고 전화 준다고 하고는 함흥차사. 이럴 경우, 소비자가 한 번만 설명할 수 있도록 하고, 담당자가 없으면 연락처를 묻고 반드시 연락을 취하게 해야 하며, 뭘 질문하려면 메모지를 미리 준비하고 묻고, 알아보고 전화한다면 언제 한다는 약속을 꼭 지켜야 합니다.

또한 요즘은 카카오톡 등의 문자를 많이 활용하면서 문자 예의도 중해졌는데요. 일단은 주말이나 밤 시간대를 피해서 해야 하고, 지나치게 이모티콘을 많이 사용하는 것도 가벼워 보이기 쉽습니다. 그러나 웃음 표시 하나 없이 문자만 보내면 지나치게 딱딱하게 느껴져 받는 사람이 오해할 수도 있으니, 적당한 이모티콘이나 기호를 넣는 것은 필요하다고 봅니다. 또 언제, 어디쯤에서 문자를 마무리해야 하는지도 예민합니다. 원칙은 아랫사람이 마무리 문자를 하는 게 맞으며, 또한 끝인사를 "안녕!"으로 마무리했는데 다시 또 "네!" 하며 길게 문자를 끄는 것도 좋지 않습니다.

그리고 요즘은 직면해서 대화 나누기를 힘들어 하는 사람들이 많아 전화를 꼭 해야 하는 상황에서도 문자 혹은 카카오톡으로 하는 경우가 많은데, 그것은 배려가 아니라 지나친 소심함입니다. 심지어 직장을 그만둔다는 내용이나 연인이 이별할 때도 카카오톡을 이용한다는 어이없는 이야기도 심심찮게 듣게 됩니다.

온라인 대화, 음성이 아닌 문자로 하는 대화에도 원칙이 있고 예의가 있습니다. 문자 하나로도 그 사람의 인격이 드러나고 인품이 느껴질 수 있지요. 손쉬운 문자 한 줄 주고받을 때도 한 번쯤 생각하고 이용하는 예의! 꼭 필요한 시대에 살고 있습니다. 윤영미 아나운서

출처: 영남일보(2016.10.06.).

3. 콜센터의 운영

1) 고객 콜센터의 역할과 운영

(1) 고객 콜센터

① 다양한 고객정보 및 서비스를 통하여 마케팅의 전초기지 역할을 한다.

② 고객의 요구와 욕구, 불만을 처리하고 제품설명 및 판매의뢰까지 접수하는 기업의 종합 상황실이다.

③ 상담과 실제 거래가 이루어지는 영업점의 기능을 수행할 수 있다.

(2) 고객 콜센터 운영방식

① ARS(Automatic Response System): 자동응답 시스템으로서, 24시간 연중고객서비스가 가능한 이점이 있다.

② ANI(Automatic Number Identification): 전화를 건 고객의 번호를 수신자가 알 수 있게 신호를 함께 보내주는 전화국의 서비스를 통칭한다. 전산시스템을 설치하고 화면을 보면서 고객응대를 하는 경우, 전화번호로 보관된 고객정보를 검색하여 통화를 시작하는 순간에 고객의 정보를 화면에 나타내 주어 신속한 고객응대가 가능하다. ARS보다 진일보한 방식으로 고객의 이름이나 주소 등 별도의 인적사항에 대해 물어 볼 필요가 없다.

(3) 고객 콜센터의 효율적 운영방안

① **조직구성 및 인원**: 고객상담을 종합적으로 처리할 수 있는 전문인력의 배치와 24시간 운영(고객서비스센터 운영, 정규/비정규직 직원의 조화)

② **리얼타임 데이터베이스화**: 고객이 요구하는 사항은 무엇이든지 원스톱으로 처리하며, 부득이하게 전문성을 요하는 것만 해당 부서로 연결한다.(텔레마케팅 및 고객관리 업무처리 지침서 작성/비치)

③ **텔레마케팅 지원시스템 운용**: 고객 위주의 상담화법을 개발하고, 고객의 의견 등을 데이터베이스화하여 경영활동에 반영할 수 있도록 한다.(고객서비스센터 전용화면의 관리, 고객관리 데이터베이스화)

④ **각종 정보관리**: 지속적인 정보관리를 할 수 있도록 화면과 각종 리포트를 개발하여 현업에 활용한다.(고객정보수집활동 강화)

⑤ **자료분석 및 통계적 모델관리**: 고객의 구매행태를 자동 분석할 수 있는 데이터베이스 마케팅 분석시스템을 구축하여, 통계자료를 계량화하여 전 부서에 피드백한다.

⑥ **개인실적 및 보상**: 고객상담활동의 우수직원과 부서에 대해서 적절한 보상을 제공함으로써 조직원 전체의 관심도를 유발한다.

⑦ **통신환경에 맞는 장비 구축**: 전화상담을 위한 응답기기, 고객상담처리 시스템에 관련된 전화기, 통신장비, 작업공간 등을 효율성 있게 설치한다.

⑧ **서비스 기법 개발**: 다양한 고객활동 정보를 활용하여 보다 나은 고객서비스 기법을 지속적으로 개발하여 고객에게도 서비스 범위와 혜택을 홍보한다.

⑨ **고객의 만족 및 불만사항을 데이터화**: 고객만족도 평가항목을 정하고, 기간별로 데이터를 분석하여 집계/발표하는 기회를 갖는다.

⑩ **전 직원 서비스 반응 체크**: 최고경영자의 의지와 전 직원의 관심 아래 모니터 제도, 서비스 개선에 대한 직원 제안제들을 수렴하여 직원 참여도를 고취한다.

2) 콜센터 상담기법

(1) 콜센터 상담기법

① 콜센터의 상담은 고객으로부터 전화가 와서 상담하는 인바운드 텔레마케팅과 기업의 텔레마케팅센터에서 기존 고객이나 가망고객에게 발신하는 아웃바운드 텔레마케팅이 있다.

② 일반 기업이나 금융기관, 신용카드업체, 백화점, 서비스업체 등 많은 기업이 콜센터를 운영하고 있는데, 그 범위 또한 점점 확대되어 가고 있다.

(2) 인바운드 상담기법

① 의의

㉠ 전화통화로 하는 것으로 고객으로부터 전화가 와서 상담한다.

㉡ 인바운드 텔레마케팅은 상품수주, 상품개발이나 서비스 개선을 위한 고객의 의견과 제안 등을 얻을 수 있으며, 고객불만이나 문제해결을 도와주는 여러 가지 역할을 한다.

㉢ 기업의 고객상담실에서의 전화상담이 바로 인바운드 텔레마케팅의 대표적인 기법이다.

② 장점

㉠ 시간 및 노력을 절감시킨다.

㉡ 비용을 절감시킨다.

㉢ 소비자와 상담하는 편리한 수단이다.

㉣ 판매, 정보, 교환, 자료수집, 고객만족도 조사, 불평처리 등 다양한 내용을 처리할 수 있다.

㉤ 소비자와의 접촉이 언제, 어디서든 용이하다.

㉥ 판촉매체로 경제적이다.

㉦ 소비자상담의 효과적인 수단이다.

(3) 아웃바운드 상담기법

① 의의

㉠ 기업의 텔레마케팅 센터에서 기존고객이나 가망고객에게 발신하는 아웃바운드 텔레마케팅을 통하여 소비자에 대한 시장조사, 자사상품의 정보수집, 경쟁사의 정보수집, 소비자의 요구사항 등 의견을 듣는다.

㉡ 제품이나 서비스를 구매한 후 어떤 불만은 없는지 등을 기업체 주관으로 조사하여 마케팅 전략에 활용하는 역할을 수행한다.

㉢ 콜센터에서 소비자에게 전화를 걸어서 제품, 서비스 사용상의 애로사항이나 문제점을 서비스 차원에서 확인하는 것이 바로 아웃바운드 텔레마케팅의 대표적인 기법이다.

② 판매확대를 위한 전화상담

㉠ 기업이 소비자에게 전화를 걸어서 상품이나 서비스를 주문받거나 신제품에 대한 정보를 제공하여 구매를 유도하는 것이다.

㉡ 소비자는 매장에 나오지 않고 제품을 구입하여 금전적 · 시간적 · 심리적 이익을 얻을 수 있다.

㉢ 기업의 입장에서도 적은 비용으로 제품판매가 가능하다.

㉣ 교통체증시대에 바람직한 판매방법으로 많이 활용하고 있다. 이것을 텔레마케팅이라고도 한다.

③ 시장조사활동을 위한 전화상담

㉠ 기업이 필요한 시장정보를 수집하는 데 효과적인 방법이다.

㉡ 신제품의 시장수요조사나 고객의 반응조사를 한다.

㉢ 경쟁품과의 소비자선호도 등을 조사하는 데 활용한다.

④ 고객서비스 차원의 전화상담

㉠ 고객서비스를 위한 전화상담은 대부분 상품과 서비스에 대한 불만처리에 많이 활용된다.

㉡ 고객이 느끼는 불편한 점을 파악한다.

⑤ 서비스의 질적 개선사항

㉠ 상품에 대한 애프터서비스를 실시하여 고객에 대한 서비스의 질을 향상시킨다.

㉡ 텔레마케팅 요원을 철저하게 교육해 기업에 대한 소비자 인식향상의 좋은 기회로 만든다.

㉢ 판촉활동으로 추가 주문을 받는 것이다.

⑥ 향상된 고객관리를 위한 전화상담

㉠ 고객에 관한 정보를 파악하며 고객의 상품구입 활성화, 대금/연체금 등을 회수/독촉하는 데에 많이 활용된다.

㉡ 고객의 생일, 결혼기념일 등을 컴퓨터에 입력시켜 자동적으로 축하엽서를 보내거나 축하전화를 한다.

㉢ 고객의 취향이나 요구사항, 현재 상황 등을 연구/분석하여 고객이 필요로 하는 상품과 서비스를 고객의 욕구에 맞게 제공한다.

㉣ 전화와 PC 통신, 우편 등을 활용하여 고객에 따라 효율적으로 관리한다.

⑦ 필요한 정보제공을 위한 전화상담

㉠ 고객에 따라 새로운 정보를 제공한다.

㉡ 새로운 상품이나 서비스 및 기업 이미지를 향상시킬 수 있는 정보를 제공한다.

㉢ 정보제공서비스는 각종 상품정보, 회원정보, 이벤트 및 행사안내 정보 등 다양하다.

⑧ 아웃바운드 기본 스크립트 구성체계

자기소개 및 첫인사 → 상대방 확인 → 전화를 건 목적 전달 → 정보수집 및 니즈탐색 → 상품/서비스 제안 → 종결

(4) 콜센터 운영의 4요소

① 전략 및 포지셔닝

㉠ 콜센터의 핵심전략 및 전략과제는 비전을 이루기 위한 기본적인 목표를 구체적으로 설정하는 것이다.

㉡ 콜센터의 전략은 핵심전략과 전략과제로 나누어지는데, 여기서 말하는 핵심전략은 예를 들어 '고객감동 실현'이나 '콜센터 조직의 핵심역량 강화' 또는 '고객만족도 제고', '콜센터 시스템의 선진화', '효율적인 운영을 통한 생산성 향상', '콜 원가 경쟁력 확보' 등과 같이 수립된 비전을 달성하기 위한 구체적인 전략을 제시하는 것이다.

㉢ 콜센터 전략은 전략적인 실행부서인 콜센터에서 실제 업무를 담당하고 있는 상담원을 포함한 모든 구성원들이 전략의 중심에 있어야 한다.

㉣ 콜센터에서 나오는 모든 데이터와 정보는 지식이 되고 지혜가 되는데, 이러한 모든 정보와 지식을 만들어 내는 생산자는 바로 콜센터 구성원이므로, 이들을 중심으로 콜센터 전략이 맞춰져야 한다.

㉤ 핵심전략이 대주제라고 한다면, 전략과제는 이들 핵심전략을 달성하기 위한 소주제는 방법론이라고 할 수 있다. 예를 들어, '콜센터 조직의 핵심

역량 강화'라는 핵심전략이 있다면, 전략과제는 이러한 핵심전략을 달성할 수 있는 방법론이라고 생각하면 된다.

② 조직/문화 및 인력관리

㉠ 상담원의 이직은 단순한 수치상의 감소상의 감소만이 아니다. 콜센터 조직의 특성을 규정짓는 현상 중에 하나인 콜센터 바이러스를 통해 여러 형태로 상담원들의 정서적인 동요에 직접적인 영향을 미치며, 콜센터 생산성을 떨어뜨리는 요인으로 작용한다.

㉡ 콜센터 구성원에 대한 체계적이고 효율적인 운영과 보조적인(CTI, WFMS, PMS 등) 수단이 조화를 이루는 확정된 콜센터야말로, 빠르게 변화하고 있는 환경 속에서 기업이 그토록 원하는 고객만족과 기업의 수익창출이라는 기본 목표에 도달할 수 있다.

㉢ 그 외에도 많은 유형, 무형의 이익을 가져다 줄 수 있는 훌륭한 조직으로 거듭날 수 있다.

③ 프로세스 및 작업환경

㉠ 내부 프로세스 관점은 콜센터 비전과 전략을 달성하기 위해 어떠한 프로세스가 가장 효과적이고 효율적인지 정의하는 것이 목표이다.

㉡ 고객만족을 시키는 것이 목표라면, 이를 달성하기 위하여 콜센터 운영 측면에서 어떻게 업무절차를 정의하고 고객의 불만이나 기타 업무를 어떠한 방식으로 처리해야 하며, 기존의 업무처리 절차상에 문제가 있다면 이러한 업무처리 절차를 어떠한 방법으로 간소화하거나 효율적으로 개선시킬 수 있는지에 대해 고민해야 하는 것이 과제이다.

④ 정보 시스템 및 기술

㉠ 콜센터가 초기 단순 응대의 역할을 뛰어넘어 인터넷의 발달과 콜센터 관련 기술의 진보를 통해 기업에 수익을 가져다주는 이익 센터로 변화하기 시작하였다.

ⓛ 2000년도를 기점으로 인터넷 기술의 발달과 국내 벤처기업의 활성화를 통해 기존에 볼 수 없었던 다양한 기능의 콜센터 솔루션 및 시스템이 등장하고, 이에 따라 효율적이고 체계적인 생산성 관리가 이루어지는 전기가 마련되었다.

ⓒ 콜센터 기술의 진보뿐만 아니라 운영에서도 업무의 구분이 세분화되었고, 과거에 비해 보다 전문적이고 체계적인 운영조직이 등장함으로써 콜센터가 보다 짜임새 있게 운영되기 시작했다.

학습 및 토론과제

1. 고객의 입장에서 전화를 걸었을 때 만족/불만족 사례에 대해 공유하고 만족/불만족의 원인에 대해서 이야기해 봅시다.

2. 전화통화(휴대전화 포함) 중 응대하기 어려웠던 상황과 대처방법에 대해 해결방법을 찾아 봅시다.

3. 팀원들과 여러 가지 상황별 응대를 실습하면서 어려운 점을 연습해 봅시다.

Chapter 11

불만고객응대실무

학습목표

1. 불만고객의 중요성과 불만고객의 가치를 이해한다.
2. 불만고객의 입장을 이해하고 불만의 원인을 분석한다.
3. 불만고객의 해결을 위한 공감대 기술과 해결방법을 학습한다.
4. VOC 구축방법과 시스템의 효과를 알고 이해한다.

알아봅시다

❶ 불만고객의 중요성에 대해 잘 알고 있다. ☐ Yes ☐ No

❷ 클레임과 컴플레인 고객은 같은 의미이다. ☐ Yes ☐ No

❸ 불만고객이 적은 것은 고객만족을 잘 실천하고 있기 때문이다. ☐ Yes ☐ No

❹ 불만고객의 해결을 통해 충성도를 높일 수 있다. ☐ Yes ☐ No

❺ VOC는 고객불평을 최소화하는 데 있다. ☐ Yes ☐ No

1. 불만고객의 이해

1) 불만고객의 중요성

고객의 불만에 귀 기울이는 것은 상품의 결함이나 문제점을 조기에 파악하여 그 문제가 확산되기 전에 신속히 해결해 줄 뿐만 아니라, 부정적인 효과를 최소화 하는 데 매우 중요하다. 사실 고객만족관리보다 더 중요한 것은 고객 불만족을 관리하는 것이다.

(1) 불평은 고객이 무엇을 원하는지 가르쳐 준다.

기업이 아무리 고객서비스를 잘 하고 있어도 미처 알지 못하는 부족한 부분이 있게 마련이다. 따라서 소비자의 불평을 오히려 장려하여 불평에 귀 기울이는 노력이 필요하다. 고객의 불평은 서비스를 개선하기 위해 매우 중요한 정보가 되지만, 중요한 사실은 불만을 기업에 통보하지 않는 고객들이 훨씬 많다는 것이다. 그렇기에 불만족 고객이 직접 기업이나 판매업자나 종업원에게 불평을 말할 수 있도록 유도해야 한다.

(2) 부정적인 구정효과를 최소화시킨다.

불만사례가 전해지는 과정에서 "입소문"이 눈덩이처럼 불어나기 때문이다. 대개 나쁜 입소문은 실제보다 과장되게 전해지기 마련이다. LG경제연구소의 연구결과에 따르면, 만족한 고객은 통상 4~5명의 사람에게 그 사실을 전달하고, 불만족한 고객은 9~10명에게 그 사실을 전달한다고 한다.

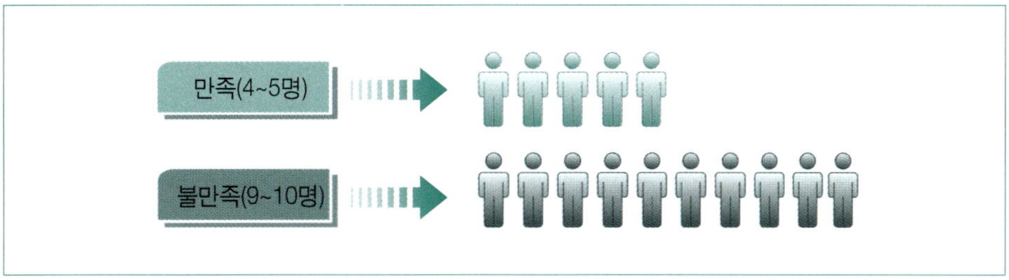

(3) 고객의 유지율을 증가시킨다.

미국의 소비자 관련 회사인 TARP(Technical Assistant Research Program)의 연구에 따르면, 제품이나 서비스에 만족한 고객들보다 불만족스러웠던 고객이 적절한 대응을 통해 만족하게 되었을 때 더욱 충성스런 고객이 된다고 한다. 그것도 얼마나 빨리 대응하여 문제를 해결하느냐에 따라 충성도가 다르게 나타났다고 한다.

따라서 고객만족을 추구하는 기업이라면, 불만고객을 소중하게 여기고 이를 신속하게 해결할 수 있는 직원들의 마인드와 자체적인 시스템을 완비해야만 한다. 불만고객의 응대가 자신에게 손해를 준다는 직원들의 생각을 뒤집어 엎을 수 있을 만큼의 꾸준한 교육과 제도적 뒷받침이 필요하다.

- 평균적으로 불만이 있는 고객의 50% 이상이 누구에게도 불평을 토로하지 않는다.
- 불만이 있는 고객 중 20%는 거래처를 옮긴다.
- 일반적으로 고소득자일수록, 젊을수록, 교육을 더 많이 받을수록, 재정적으로 중요할수록, 고객에게 중요할수록 불만의 토로횟수와 강도가 높다.
- 경영층에 전달되는 고객의 불만은 전체의 5% 미만이다.
- 불만을 토로하기 어려워 말하지 않는 것이지, 불만이 없어서가 아니다.
- 불만을 토로하는 고객들은 평균적인 고객에 비해 2배 이상 구입하는 고객이다. → 불만을 토로하는 고객들이 더 가치 있는 고객이다.
- 고객불만이 해결되지 않는 고객은 고객불만을 해결한 고객보다 2배 이상 더 많은 사람에게 구전한다.

출처: 美 기술지원연구소(TARP: Technical Assistance Research Program)의 '고객불만 조사 보고서' 중 발췌

2) 불만고객의 원인

소비 환경이 급속히 바뀌고 고객의 기대가 커지고 있는 상황에서 고객불만족의 원인은 다양하다. 이는 크게 제품 자체의 문제, 서비스의 문제, 고객 자신의 문제로 분류될 수 있다. 고객 자신의 문제야 어쩔 수 없겠지만, 제품과 서비스 차원의 문제는 개선의 여지가 있는 부분이다.

미국의 품질관리학회 조사에 따르면, 고객이탈사유 1위가 '고객접점에서의 서비스 문제'로 나타났다. 고객불만을 초래하는 가장 큰 원인이 직원들의 고객응대 과정에서 비롯되는 것으로 조사된 것이다. 즉, 서비스 직원의 불친절한 응대, 규정만 내세우는 안내, 업무처리 미숙, 타 부서 책임회피 등으로 인한 고객불만이 가장 많은 것으로 나타났다.

표 11-1 고객불만의 원인분석

분 류	기업(직원)	고 객
업무적	• 직원의 업무지식 부족 • 설명의 불충분 • 내부의사소통의 오류 • 업무처리 지연 및 미숙 • 고객감정의 배려 부족 • 서비스 마인드 결여	• 고객의 과오, 착오 • 감정조절 장애 • 고의적 악의적 • 업무에 대한 지식 부족
심리적	• 귀찮고 바쁨 • 회사규정임 • 특별대우 불가능 • 직원이 더 전문가	• 서비스 기대 • 다른 회사와의 비교 • 고객이라는 우월감 • 자존심 손상

생각해봅시다

고객이 불만을 말하지 않는 이유는 무엇일까요?

사례연구

● 친절실명제

친절책임자가 누구인지를 밝히는 이름과 사진을 게시하고, 고객에게 판매사원이나 서비스직원의 명함을 주어 서비스 책임소재를 밝히게 하여 고객불만을 줄이는 제도이다.

● 친절 핫라인

고객응대 시 불친절하거나 서비스에 불만이 생길 경우, 고객이 최고경영자 또는 책임자에게 직접 의견을 말할 수 있는 장치를 마련하는 제도이다.

● 옐로 카드

고객이 불편한 일을 당하거나 불친절을 경험했을 때 옐로 카드를 제시하여 시정하는 제도로 애경백화점, 조흥은행에서 시도되었던 제도이다. 고객이 직접 해당직원에게 옐로 카드를 제시하기가 현실적으로 쉽지 않으므로, 안내데스크에 옐로 카드를 비치하여 불친절한 직원의 이름을 적게 하거나 책임자에게 제시한다.

● 라인스톱제도

서비스 라인에 있어서 어느 한 곳이라도 불친절하거나 서비스가 제대로 되지 않아 고객의 불만을 사는 등 문제점이 발견되면, 마치 생산공장에서 라인을 스톱시켜 공장가동을 중지하는 것처럼 서비스라인을 스톱시켜서 해당 직원을 교체하는 등 강력한 제재를 가하는 서비스 관리제도이다.

2. 불만고객의 응대방법

1) 불만고객의 기본 응대원칙

고객만족 경영체계를 잘 구축한다고 하더라도 불만족한 고객은 발생하기 마련이다. 제품이나 서비스의 생산과정이 완벽할 수는 없으며, 개별적인 고객의 특성으로 고객의 니즈는 공통적인 부분이 있는 반면, 상이한 부분이 동시에 작용하기 때문에 고객들의 특유한 취향에 완벽히 맞추기는 사실 불가능하기 때문이다.

클레임(Claim)이란 어떤 고객이든 제기할 수 있는 객관적인 문제점에 대한 고객의 지적을 말하며, 고객이 상품을 구매하는 과정에서 또는 구매한 상품에 관하여 품질, 서비스, 불량 등을 이유로 불만을 제기하는 것을 컴플레인(Complain)이라고 한다. 클레임이든 컴플레인이든 성의껏 처리해 주었을 때, 고객은 크게 만족하게 되어 회사의 신뢰도가 높아지고 고객과의 관계를 효과적으로 유지시켜 주는 지름길이 된다.

(1) 피뢰침의 원칙

① 고객은 나에게 개인적인 감정이 있어서 화를 내는 것이 아니라, 일처리에 대한 불만 때문에 복잡한 규정과 제도에 대해 항의하는 것이라는 관점을 가져야 한다.

② 불만고객의 상담자도 피뢰침 같이 직접 불만 섞인 다양한 고객들을 맞이하여 몸으로 흡수하고, 회사나 제도에 반영한 후 다시 땅속으로 흘려보내야 한다. 피뢰침과 같은 역할을 수행함으로써 회사와 조직은 상처를 입지 않고 내용을 충만히 알 수 있을 것이다.

(2) 책임 공감의 원칙

① 고객의 비난과 불만이 나를 향한 것이 아니라고 하여 고객의 불만족에 대해서 책임이 전혀 없다는 말이 아니다. 우리는 조직구성원의 일원으로서 내가 한 행동의 결과이든, 다른 사람의 일처리 결과이든 고객의 불만족에 대한 책임을 져야만 한다.

② 고객에게는 누가 담당자인지보다 나의 문제를 누가 해결해 줄 것인지 아닌지가 훨씬 중요한 것이다.

(3) 감정통제의 원칙

① 고객을 응대하거나 전화를 받을 때 거친 고객과 만나다 보면 자신도 모르게 감정을 드러내는 경우가 발생하게 되나, 자신의 감정까지도 통제할 수 있어야 한다.

(4) 언어절제의 원칙

① 고객의 말을 들어주는 것만으로도 고객들은 돌아가면서 좋은 느낌을 갖게 된다.

② 고객상담에 있어서 말을 많이 하는 것은 바람직한 응대방법이 아니다. 고객보다 말을 많이 하게 되면 고객의 입장보다는 자신의 입장을 먼저 고려하게 되기 때문이다.

(5) 역지사지의 원칙

① 고객의 입장에서는 자신에게 관심을 가져주는 직원과 회사에 호의적이다. 고객을 이해하기 위해서는 반드시 고객의 입장에서 문제를 바라봐야 한다. 고객은 우리의 규정을 알지도 못하고 그 규정의 합리적인 이유도 알지 못하

며, 업무가 처리되는 절차는 더욱 알지 못함을 인지하여 고객의 말에 귀 기울여야 한다.

2) 불만고객의 해결

(1) 불만고객 해결전략

① **우선사과를 원칙으로 한다:** 불만고객은 일반적으로 화가 나 있다는 점에 유의하여 사과부터 정중히 하여야 한다.

② **우선파악을 원칙으로 한다:** 불만고객의 원인을 먼저 파악하여야 한다.

③ **신속해결을 원칙으로 한다:** 가능한 빠른 시간 내에 해결하는 것이 좋다는 것을 인식하여야 한다.

④ **비논쟁을 원칙으로 한다:** 고객과 논쟁하지 말아야 한다. 자칫하면 오히려 문제를 키울 수 있는 소지가 많다.

고객과의 공감대 형성을 위한 기술

- 고객의 이름을 호칭하라.
- '죄송합니다만....', '감사합니다'와 같은 표현을 사용하라.
- 고객의 요구를 거절하게 되는 경우 충분한 이유를 설명하라.
- 고객의 니즈에 지속적으로 관심을 보여라.
- 고객의 느낌에 감정이입하라.
- 고객에게 대안을 설명하라.

(2) 불만고객 해결을 위한 단계별 유의사항

불만고객의 해결은 더 높은 고객만족 향상이라는 차원에서 고려되어야 한다.

단 계	행동 및 유의사항
1. 무조건 경청한다.	• 고객의 입장에서 도움을 주려는 태도와 함께 공손한 자세로 끝까지 듣는다. • 편견(선입견)에 사로잡히지 말고, 사람이 아닌 문제 자체에 초점을 맞추어 듣는다. • 고객 스스로 불평을 모두 말하도록 한다. • 고객의 자극적인 말이나 태도에 말려들지 말고, 무의식적인 본인의 바디랭귀지에 유의한다. • 고객의 불만을 정확하게 이해했는지 다시 한번 확인하고 감정상태에 대해서도 이해하고 메모사항에 대해 메모한다.
2. 공감한다.	• 고객에게 공감한다는 것을 적극적으로 표현하며, 이해하고 있다는 것을 인정한다.
3. 진심 어린 사과를 한다.	• 경청과 함께 문제점을 인정하고, 잘못된 부분에 대해 신속하고 솔직하게 사과 한다. • 변명을 하지 않는다.
4. 설명하고 약속하기.	• 고객이 납득할 해결방안을 제시하고, 문제점을 시정하기 위해 어떤 조치를 취할 것인지 설명하고 해결을 약속한다.(고객은 담당자가 아닌 누가 해결해 줄 것인지가 중요하다는 것을 인지한다.)
5. 정보파악 및 원인분석한다.	• 문제해결을 위해 꼭 필요한 질문을 하여 해결정보를 얻는다. • 전례와 비교한다.
6. 신속하게 처리한다.	• 중심배열을 하여 신속하고 완벽하게 처리한다. • 신속한 대응으로 사태 회복을 위한 최대한의 노력을 보여준다. • 해결이 불가능한 경우 반드시 고객에게 대안을 제시하도록 한다.
7. 확인 후 재 사과한다.	• 불만을 처리 후 고객에게 만족여부를 확인한다. • 다시 한 번 사과의 인사를 한다. • 고객의 감정상태에 대해서도 다시 한번 이해하고 공감한다.
8. 사례분석 및 전략수립	• 최종 마무리 후 결과를 확인한다. • 직원들과 사례를 공유하고 재발방지를 위한 고객응대 방안을 마련한다.

(3) MTP 기법

고객의 불평이나 불만의 처리방법으로 MTP 기법이 자주 사용되고 있는데, 이는 사람(Man), 시간(Time), 장소(Place)를 바꾸어 처리하는 방법이다.

① 사람을 바꾼다.

② 시간을 바꾼다.

③ 장소를 바꾼다.

존 굿맨(John Goodman)의 법칙

❶ **제 1법칙:** 자신의 불만을 해결하여 만족하게 된 고객은 불만을 갖고 있지만, 토로하지 않는 고객에 비해 동일 브랜드를 재구입할 가능성이 매우 높다.

❷ **제 2법칙:** 고충 처리에 불만을 품은 고객이 비우호적인 소문의 영향은 만족한 고객의 호의적인 소문의 영향에 비해 두 배나 강하게 판매를 방해한다.

❸ **제 3법칙:** 소비자 교육을 받은 고객은 기업에 대한 신뢰도가 높아 호의적인 소문의 파급효과가 기대될 뿐 아니라, 상품의 구입의도가 높아져 시장확대를 공헌한다.

(4) 고객특성에 따른 불만처리 방법

유 형	특 성	응대요령
권위적인 과시형	• 결단력 있고 요구적이며, 완고하고 엄격하며 능률적이다. • 남이 얘기를 잘 끊고 경청하지 않는다. • 자신의 행동과 결정, 결과에 도움을 주는 사람에게 호감을 갖는다.	• 다혈질적으로 빨리 화를 내고 빨리 식으므로, 요점만을 제시하고 결정은 본인 스스로 내리게 한다.
산만한 표현형	• 충동적이며 열정적이고, 비규율적이며 사교적이다. • 수다스럽고, 세밀하게 숙고해야 할 내용에는 싫증을 낸다. • 자기주장을 받아들여지게 하기 위해 감정에 호소하는 수도 있다. • 자신의 직관에 도움을 주는 사람에게 호의적이다.	• 화를 내기 시작하면 자제를 하지 못하고 인신공격을 많이 하므로, 무조건 들어 주는 것이 좋다. • 관심을 갖는 시간이 짧기 때문에 흥미를 잃지 않도록 유의하여야 한다.

유 형	특 성	응대요령
조용한 매너형	• 수동적이고 우유부단하며, 내향적이고 우호적이다. • 남의 얘기를 주로 듣고 질문을 받아야 의견을 말한다. • 경쟁보다 양보를 택하고 단결력이 강해 집단에서 분쟁을 완화시키는 역할을 한다. • 호의적인 사람에게 긍정적이다.	• 평소에는 온화하며 화가 나거나 불만이 있어도 말을 잘 하지 않는 편이나, 화가 나거나 불만을 제기하기 시작하면 끝까지 해결을 보는 유형이다. • 반박을 하지 않도록 주의하고 편안하게 친근감 있게 대한다.
이성적 전문가형	• 신중하고 비판적이며 고집이 세다. • 경청하는 형이며, 상황을 철저히 분석하려 한다. • 발언이 너무 길고 자세한 경우가 있다. • 정확성을 중요시하므로 충실한 자료와 근거를 제시하는 사람에게 호의적이다.	• 일단 화가 나면 그 이유에서부터 무엇이 불만인지, 또 그내용까지 조목조목 따지므로 시간적 여유를 두고 응대하는 것이 좋다. • 자료를 제시하고 애매한 일반화는 피한다.

3) 고객의 소리(VOC: Voice of Customer)를 통한 고객관리

(1) VOC의 의의

고객의 소리 VOC(Voice of Customer)란 고객의 소리에 귀를 기울여 그들의 욕구를 파악하고, 이를 수용하여 경영활동을 함으로써 고객만족을 추구하고 고객불만을 최소화하여 궁극적으로 고객불평을 제로(Zero)화 하자는 것이다.

(2) VOC 시스템의 구축단계

① 1단계 **창구개설**: 고객이 쉽게 의견을 제시할 수 있도록 창구를 개설한다.

② 2단계 **고객의 소리분석**: 체계적으로 고객의 소리를 분석한다.

③ 3단계 **문제해결**: 각 부서에 신속한 피드백을 통한 문제해결을 한다.

④ 4단계 **경영활동 반영**: 처리결과를 고객에게 통보하거나 경영활동에 반영한다.

(3) VOC 시스템 효과

① 시장의 욕구와 기대의 변화를 알 수 있다.

② 고객의 입장을 이해하고 바라봄으로써 문제점을 파악할 수 있다.

③ 고객과의 관계유지를 더욱 돈독하게 할 수 있다.

④ 고객의 욕구에 근거하여 표준화된 대응서비스가 가능하다.

⑤ 아이디어를 얻을 수 있다.

⑥ 이론이 아닌 접점 실제상황에서의 고객파악을 가능하게 한다.

고객의 소리 (VOC) 의 성공조건

- VOC와 보상을 연계한다.
- VOC로 인해 발생한 조직의 변화를 평가한다.
- 자료의 신뢰성을 높이기 위해 통계보고서를 작성하고 추세와 변화를 점검한다.

학습 및 토론과제

1. 고객으로서 불만을 제기했던 경험과 직원의 응대방법과 태도에 대해서 이야기 나누어 봅시다.
   - 경험사례
   - 만족 시 직원의 응대
   - 불만족 시 직원의 응대

2. 불만고객이 기업과 직원에게 미치는 영향에 대해서 토의해 봅시다.

3. VOC 시스템 해결의 모범사례에 대해서 사례를 들어 공유해 봅시다.

Chapter 12

고객관계개선실무

학습목표

1. 인간관계의 촉진요인을 이해하고 고객관계에 적용한다.
2. 인간관계의 갈등을 이해하고 개선을 위한 대인기술을 익힌다.
3. 교류분석의 구조분석을 적용하여 고객관계개선을 향상한다.
4. 긍정적 인생태도와 신뢰의 감정계좌관리가 가능하다.

알아봅시다

❶ 인간관계의 발전 요인에 대해 알고 있다. ☐ Yes ☐ No

❷ 인간은 상대에게 요구하는 것이 많을수록 성숙하다고 생각한다. ☐ Yes ☐ No

❸ 남을 변화시키는 것보다는 자신을 변화시키는 것이 빠르다. ☐ Yes ☐ No

❹ 상보교류, 교차교류, 이면교류에 대해 알고 있다. ☐ Yes ☐ No

❺ 부정적 스트로크를 받느니 받지 않는 것이 더 낫다. ☐ Yes ☐ No

1. 인간관계 개선기술

1) 인간관계 개념

인간이 조직을 형성할 때 여러 가지 관계가 이루어지는데, 이러한 조직 내 사람과 사람 사이의 관계를 인간관계라 한다. 인간과 인간의 만남에 있어서 조직의 목적을 달성하기 위해 서로 협력하는 관계라고 할 수 있다. 좋은 인간관계는 조직구성원들이 조직에서의 성공 및 조직의 효율성을 통한 조직의 생산성을 향상시키는 원동력이 된다.

2) 인간관계의 발전

(1) 인간관계의 촉진요인

① 정서적 공감과 지지

자신의 고통, 갈등, 고민 등을 공개할 수 있고, 타인으로부터 이해받고 위로받을 때 인간관계는 더욱 돈독해진다.

② 즐거운 체험의 공유

취미나 관심사, 가치관, 인생관, 종교관 등이 같은 사람들은 대화를 통해서 서로의 생각에 대한 공감과 지지를 받을 수 있으며, 그들과 나누는 재미와 즐거움은 관계를 유지하는 주요한 원천이 된다.

③ 현실적 도움의 교환

서로가 무엇을 주고받는 교환관계는 인간관계의 속성이다. 따라서 서로 주고받는 현실적 도움은 인간관계를 촉진시킨다.

④ 자기공개

자신을 드러내게 되면 서로 친해지게 된다. 상대방에게 자신에 대해 털어놓고, 상대방에 대하여 알게 되는 것은 관계를 깊이 있게 해주는 강력한 방법이다.

(2) 인간관계의 심화요인

① 보상성(Rewardingness)

② 상호성(Reciprocity)

③ 규칙성(Rule)

생각해봅시다

그동안의 인간관계를 떠올리면서 어떤 촉진요인과 심화요인으로 발전될 수 있었는지 계기에 대해 이야기 나눠 봅시다.

(3) 인간관계의 해체요인

① 접촉과 관심의 감소

거리가 멀어지고 시간적 여유를 갖지 못해 서로에 대한 관심과 만남의 횟수가 적어질 때 관계가 멀어진다.

② 갈등해소의 실패

특정한 계기로 인한 두 사람 사이의 갈등이 일어나고, 이러한 갈등을 효율적으로 해소하지 못했을 때 관계가 멀어지거나 깨진다.

③ 투자와 보상의 불균형

인간관계에서 상대방에게 기대한 성과와 만족을 얻지 못할 때 그 관계는 멀어진다.

④ 사회보상이론

자신이 투자한 시간, 금전, 정신적 노력에 대한 보상이 크게 이뤄지는 인간관계는 만족을 느끼고 장시간 유지되나, 보상이 이뤄지지 않거나 적게 일어나는 경우는 해체될 가능성이 높아진다.

⑤ 만족도 결정요인

- 비교수준 〉 인간관계에서 얻고자 하는 성과기준: 인간관계 불만족
- 비교수준 〈 인간관계에서 얻고자 하는 성과가준: 인간관계 유지

(비교수준이란 주로 과거의 인간관계에서 받아온 성과의 평가수준)

⑥ 인간관계 청산여부 결정요인

- 대안적 비교수준 〉 인간관계에서 얻고자 하는 성과기준: 인간관계 청산
- 대안적 비교수준 〈 인간관계에서 얻고자 하는 성과기준: 인간관계 유지

(대안적 비교수준이란 다른 대안적 관계를 통해서 얻을 수 있을 것으로 고려된 본인의 기대치)

3) 조하리의 창(마음의 창)

조하리의 창(Johari's window)은 Joseph Luft와 Harry Ingham라는 두 심리학자에 의해서 독창적으로 개발된 개념으로 자아 개방에 큰 틀을 제공하고 있다. 다음 [그림 12-1]에서 나타난 바와 같이 조하리의 창은 자기 공개와 피드백의 특성을 보여 주는 네 가지 영역으로 구분되며, 그 네 가지 영역은 다음과 같다.

- 개방된 공개적 영역(Public)
- 깨닫지 못하는 맹목적 영역(Blind)
- 숨겨진 영역(Hidden)
- 아무도 모르는 미지의 영역(Unknown)

그림 12-1 **조하리의 창**(마음의 창)

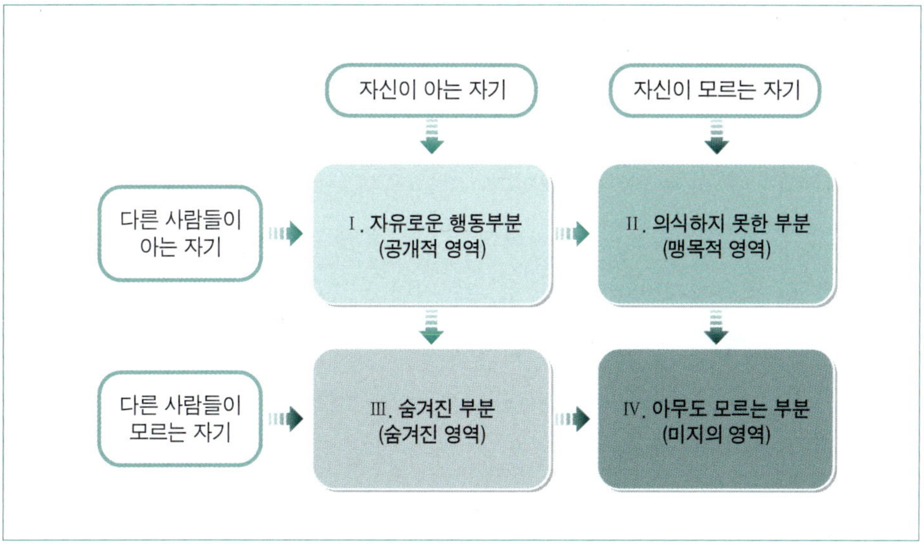

① 공개적 영역이 넓은 개방형의 사람은 적절하게 자기표현을 잘할 뿐만 아니라, 다른 사람의 말도 잘 경청할 줄 아는 사람들로서 다른 사람에게 호감과 친밀감을 주어 인기가 있는 유형이다.
또한 개방형의 사람은 대단히 원만한 대인 관계를 갖고 있다. 다른 사람에게 관심을 가지기도 하며 자신의 의견이나 주장을 솔직하게 표현하는 유형이다. 대인 관계에서는 이러한 유형이 바람직하다.

② 맹목적 영역이 넓은 사람은 남은 잘 알고 있으나 자신은 알지 못하는 영역이 넓은 사람으로, 자신의 기분이나 의견을 잘 표현하며 자신감이 충만한 솔직하고 시원시원한 사람이다. 다른 사람의 말을 듣기보다는 자기가 말하는 것을 좋아한다. 다른 사람을 무시하는 독단적인 경향이 많아 상대방에게 독선적으로 비춰지기도 한다. 다른 사람이 볼 때는 술에 취했는데, 자신은 전혀 취하지 않았다고 주장하는 것이 이러한 맹목적 영역이 넓은 사람들의 대표적인 행동 경향이다. 자기 주장형은 말이 많거나 독단적인 사람이므로 자신의 말을 줄이고, 상대방의 말에 관심을 갖고 귀 기울이는 태도를 가지는 것이 바람직하다.

③ 숨겨진 영역이 가장 넓은 사람은 자신은 잘 알고 있으나 남에게 숨겨진 부분이 대단히 넓다. 또한 다른 사람에 대해서 수용적이며 속이 깊고 신중한 사람들이다. 말하기보다는 듣기를 좋아하며 매사에 비밀이 많아서 다른 사람이 접근하기 어려우며, 또한 다른 사람의 이야기는 잘 경청하지만 자신의 이야기는 잘 하지 않는 유형이다. 이들 중에는 자신의 속마음을 잘 드러내지 않은 사람이 많으며, 계산적이고 실리적인 경향이 두드러진다. 이런 사람은 잘 적응하지만 내면적으로 고독감을 느끼는 경우가 많으며, 현대인에게 가장 많은 유형으로 알려져 있다. 보다 솔직하고 확실하게 자신의 의견이나 주장을 내세우도록 노력해야 한다. 상대방에 대한 관심이나 경청은 많지만 자기표현이나 자기 개방을 잘 하지 않는 타입이므로, 앞으로는 자신을 솔직히 드러내거나 자신의 의견 및 주장을 활발하게 펴는 노력이 필요하다.

④ 미지의 영역이 가장 넓은 사람은 자신과 남이 알 수 있는 영역이 대단히 좁다. 미지의 영역이 넓어서 고립되기 쉽고 매사 소극적으로 보이는 유형이다. 다른 사람과 접촉하는 것을 불편해하거나 무관심하여 고립된 생활을 하는 경우가 많다. 이런 유형 중에는 고집이 세고 주관이 지나치게 강한 사람도 있으나, 대체로 심리적인 고민이 많으며 부적응적 삶을 살아가는 사람들도 많다. 이런 사람은 대인 관계에서 좀 더 적극적이고 긍정적인 태도를 가질 필요가 있다. 자신의 의견이나 주장을 솔직하게 표현하고 다른 사람에게 관심을 갖도록 노력해야 한다. 자기표현이나 상대방에 대한 관심을 많이 기울여야 한다.

⑤ 인간관계의 개선을 위해서는 일반적으로 미지의 영역을 줄이고 공개적인 영역을 넓히는 것이 바람직하다.

4) 인간관계에서의 갈등

조직을 구성하는 모든 요소는 갈등요인이 될 수 있으며, 이들 요인은 갈등이 일어날 수 있는 갈등상황이 갖추어졌을 때 나타난다. 갈등상황이란 갈등이 야기

될 수 있는 상황 또는 조건이기 때문에 갈등의 매개변수라고 할 수 있다.

(1) 갈등의 요소

① 상호의존성
② 상반되는 목표
③ 한정된 자원
④ 개입에 의한 좌절
⑤ 표출된 대립관계

(2) 갈등의 증폭 · 원인

① **절대적 행동**: 관계를 승패의 경기로 시작하고, 문제를 해결하기보다는 승리를 원한다.
② **입장 고수**: 공동의 목표를 달성할 필요성을 느끼지 않고, 각자의 입장만을 고수하며, 서로 접촉하는 것을 꺼린다.
③ **감정적 관여**: 자신의 입장에 감정적으로 묶인다.

(3) 갈등의 역기능과 순기능

순기능	역기능
• 조직이나 개인의 문제점에 대해서 관계자들의 관심을 갖게 하는 계기가 되어 변화를 초래하게 할 수 있다. • 합리적으로 해결되면 쇄신이나 변동 및 발전과 재통합의 계기가 될 수 있다. • 조직이나 개인에게 창의성, 진취성, 적응성, 융통성을 향상시킬 수 있다. • 침체된 조직을 침체에서 벗어나 생동감있게 할 수 있다. • 구성원들의 다양한 심리적 요구를 충족시킬 수 있다.	• 갈등해결에 노력하는 동안은 성과나 목표달성에 매진할 수 없으므로 개인이나 조직에 부정적 결과를 준다. • 조직의 안정성, 조화성, 통일성을 깨뜨릴 수 있다.(파벌의식 및 편견을 증가) • 조직이나 개인의 창의성이나 진취성을 질식시킬 수 있다. • 조직 내의 작은 문제에만 집착하여 환경을 무시할 수 있다. • 독재자 출현의 빌미를 제공할 수 있다.

순기능	역기능
• 조직 내의 갈등을 관리하고 방지할 수 있는 방법을 학습할 수 있는 기회를 제공한다.	

(4) 갈등의 진행

① 갈등은 '잠정적인 갈등'이 '행동적인 갈등'으로 진행되어 분출되다가, 다시 '소강상태'로 접어든 후 다시 '새로운 갈등의 발생'이라는 순서를 밟는다.

② 인간 내적 요인이나 환경적 요인에 저지되기도 하고, 특정 요인에 의해 표면화되거나 악화되기도 하며, 다른 문제에 얽혀서 복잡해지기도 한다.

③ 진행과정에 대한 정확한 분석과 이해가 필요하다.

레빈(K. Lewin, 1948)의 갈등 유형

- 접근 – 접근 갈등
  두 가지 갈등을 일으키는 목표가 모두 긍정일 경우 하나를 선택해야 할 때 경험하게 된다. 조건이 좋은 두 가지 중에 하나를 선택해야 할 경우 갈등을 겪게 된다.
- 회피 – 회피 갈등
  부정적인 대상 중에 하나를 선택해야 할 경우에 성숙한 사람은 그 결정에 대해 책임을 질 줄 알며 피할 수 없는 상황에 용기를 가지고 대처하려 하지만, 미성숙한 사람의 경우는 두 개의 양립할 수 없는 불쾌한 상황 중에서 어느 하나를 선택함 없이 우유부단하게 지연시키려 한다.
- 접근 – 회피 갈등
  긍정적인 면과 부정적인 면을 함께 가지고 있는 하나의 행동을 선택하든지 회피하든지 해야 할 때 결정해야 할 때 경험하게 된다.

(5) 갈등의 해결

① 문제해결

당사자 간에 직접 접촉하고 공동의 노력에 이해서 정보를 수집하는 탐색활동을 통하여 새로운 대안을 제시하고, 평가를 통해서 당사자 모두를 만족시킬 수 있는 문제해결안을 찾는 것이다.

② 설득

개별목표의 차이가 있기는 하지만, 어느 수준(상위수준)에의 공동목표의 차이에는 공동목표에 대한 합의가 이루어질 수 있으며, 이를 위해 설득이 필요하다.

③ 협상

토론을 통한 타협으로서 협상에 의해서 얻어지는 결정은 어느 당사자에게서도 최적의 결정이 될 수 없다. 협상은 갈등원인을 제거하지 못하고 갈등을 일시적으로 모면하는 것이므로, 잠정적인 갈등해소법이라고 할 수 있다.

④ 정치적 타결

갈등 당사자가 정부나 이론, 대중 등과 같은 제 3자의 지지를 얻어 협상하려는 것이다. 협상과 마찬가지로 갈등의 원인을 제거하지 못하고 표출된 갈등만을 해소시키는 방법이 된다.

(6) 효율적인 논쟁방법

① 공동의 목표와 상호양립 가능한 목표에 중점을 둔다.

의사소통이 원활하다고 해서 공동의 목표가 쉽게 도출되는 것은 아니기에, 갈등이 생산적으로 해결 가능할 수 있도록 공동의 목표와 임무를 잘 인식할 수 있도록 한다.

② 견해차를 인정한다.

견해차이를 없애려고 노력하는 것이 아니라, 견해차이를 인정하도록 한다.

③ 감정을 회피하지 않는다.

경쟁의 조직에서 반드시 발생하는 '두려움, 시기(猜忌)'의 감정을 인정하고, 공동의 우승전략을 찾을 때 좋은 동기부여가 가능함을 인지한다.

④ 공정하게 논쟁한다.

상호이해 증진과 문제해결의 과정이 문화규범으로 정착되어 건설적인 경쟁이 내재되어야 한다.

(7) 설득심리의 이해

대인관계에서 설득심리를 이해하는 것은 원하는 것을 쟁취할 수 있고, 원하는 상황을 이룰 수 있다.

① 상호성의 법칙

평소에 친분이 있는 지인을 방문할 때 간단한 선물이나 먹을 것을 준비해서 만나게 되는 경우 훨씬 만남의 분위기는 더욱 밝아진다. 그 작은 선물로 방문자에 대한 호의를 가지게 되며, 다음에 급한 일이 생기거나 부탁을 할 일이 생길 경우 빈손으로 방문하는 경우보다 좀 더 용이하게 부탁을 할 수 있게 된다. 원하던 원하지 않던 간에 상대방에게 호의를 받으면 빚을 진 느낌이 들게 마련이다.

② 일관성의 법칙

사람은 '자기 스스로 생각하는 것이 옳다'라고 생각하는 경우가 많다. 물건을 살 때 주변의 권유에도 불구하고, 결국 본인이 선택한 상품을 사게 되는 경우가 많다. 간혹 일관성에 개입이 들어오면 일관성을 상실하기도 하지만, 일관성을 유지하려는 심리가 있다.

③ 사회적 증거의 법칙

집에서 혼자 영화를 보는 것보다는 대형극장에서 공포영화를 보는 것이 주변 사람들의 반응에 의해 더욱 실감나고 무서운 영화가 있다. 뿐만 아니라, TV에서 오락프로그램이나 개그프로그램 시청 시 웃음소리와 박수소리가 나올 때 나도 모르게 따라했던 기억이 있을 것이다. 인간은 사회적 동물이기 때문에 타인이 느끼는 감정과 유사하게 느끼게 되고, 설득되는 심리가 있다.

④ 호감의 법칙

언젠가 양복을 입고 수차례나 집을 턴 도둑이 검거되었을 때, 양복을 입고 서성이는 도둑들을 많은 사람들은 아무도 의심하지 않았던 사례가 있다. 저렇게 잘생긴 사람이 그런 행동을 하지 않았을 것이라고 생각했던 것이다. 사람들은 외모를 보고 도움을 더욱 쉽게 주는 경향이 있다. 이러한 호감의 법칙은 일상생활에서 적용할 수 있다. "오늘 옷이 참 잘 어울리십니다"와 같은 작은 칭찬들이 사람들에게 호감을 높여 더욱 빨리 사람들과 친해질 수 있으며, 상대방에게 호감을 줄 수 있는 이미지는 더 쉽게 설득할 수 있는 분위기를 조성해 준다.

⑤ 권위의 법칙

'미국 하버드대학교에서 연구 조사한 ○○○' 이라는 문구만으로도 사람들은 믿고 따르게 되는 심리가 있다. 이처럼 많은 지식을 가지고 있는 사람은 무조건 옳다고 생각하는 경우가 있다. 가끔은 전문가도 잘못된 생각이나 주장을 할 경우도 있지만, 사람들은 전문가의 의견을 맹신하는 경우가 있다.

⑥ 희소성의 법칙

"매진 임박", "마지막입니다"라는 목소리에 나도 모르게 주문을 했던 경험이 한 번쯤은 있을 것이다. 마지막을 알리는 목소리나 선착순을 알리는 목소리에 낭상 필요 없는 물건임에도 싼값에 물건을 살 수 있다는 기대감과 얼마 남지 않았다는 희소성에 의해 꼭 구입해야 할 것 같은 심리가 생긴다. 희소성을 가지고 있다는 것에 사람들은 설득당하기 쉽게 된다.

2. 교류분석(TA: Transactional Analysis)

교류분석(TA: Transactional Analysis)은 미국의 정신의학자 에릭 번(Eric Berne, 1910~1970) 박사에 의해 개발된 임상심리학에 기초를 둔 인간행동에 관한 분석체계로 개인의 성장과 변화를 위한 체계저긴 심리치료법이며 임상, 교육, 조직경영에 널리 이용되고 있는 성격이론이다.

교류분석은 첫째, 자기를 이해하고, 둘째, 타인을 이해하고, 셋째, 자신과 타인의 관계를 이해하는 것이다.

교류분석은?

- '지금', '여기'의 인간관계를 바꾸는 것을 생각하는데, 인간이 자신의 의지대로 바꿀 수 없는 것에는 '과거'와 '타인' 두 가지가 있다. 바꿀 수 있는 것은 자신뿐이다.
- 상대에게 요구하는 것이 많을수록 미숙하다고 보며, 성숙한 인간일수록 상대에게 요구가 적은 사람이라고 말할 수 있다.

1) 마음의 구조와 인간행동의 기본원리

(1) 인정과 수용

자신 또는 타인이 가지고 있는 단점, 결점, 결함, 약점, 콤플렉스 등 무의적 습관까지도 그대로 용납한다.

(2) 신뢰와 존중

자신 또는 타인이 일시적으로 사용하는 부정적인 말이나 행동, 태도, 표정, 분위기 등의 일부만을 보고 그 사람의 인격이나 인간성을 결부시키지 않는다.

(3) 공감과 명료화

현재의 상황에서 자신 또는 타인의 내면 속에 숨겨 둔 기분을 있는 그대로 공감하고 명료화시켜 준다.

2) 교류 분석의 3대 개념 및 목적

(1) 3대 개념

① 사람은 누구나 3개의 '나'(자아상태)를 가지고 있다.

② 남과 과거는 변하지 않으며, 남을 변화시키기보다는 자신을 변화시키는 것이 훨씬 생산적이다.

③ 우리는 자시의 감정, 생각, 행동의 총책임자이다.

(2) 3대 목적

① 자각성

자기 자신에 대해 깊이 자각함으로써 자기 통제능력을 극대화 시킴에 있다.

② 자율성

자기의 느낌, 생각, 행동에 대한 책임이 자기 자신에게 있다는 자각을 통하여 자신의 삶을 자율적으로 운영하도록 함으로써, 진정으로 자신의 삶의 책임자가 되도록 하는 것이다.

③ 친밀성

인간관계에 있어서 비현실적인 상상의 관계가 아니라, 현실성에 입각한 투명하고 친밀한 관계를 맺도록 하는 데 그 궁극적인 목적이 있다.

3) 자아상태의 구조

사람의 마음속에는 '3개의 나'라는 것이 있는데, 이것을 자아상태라고 부른다. 그리고 위의 예처럼 때와 경우에 따라 우리들의 마음은 그 중의 어떤 것이 강하게 반응을 일으키는 것이다.

부모의 마음	ⓅParent	CP (Critical Parent) =비판적 자아
		NP (Nutring Parent) =보호적 자아
성인의 마음	ⒶAdult	Adult = 이성적 자아
아이의 마음	ⒸChild	FC (Free Child) = 자유분방한 어린 자아
		AC (Adapted Child) = 순응하는 어린 자아

Child의 자아상태	Child의 자아상태는 유아에 자연적으로 발생하는 모든 충동을 내용으로 하는 외에 인생의 조기경험이나 그 경험에 대해 어떤 반응을 나타내었는가, 자기와 타인에 대해 어떤 태세를 취하였는가 하는 기록도 포함하고 있다. Child는 옛날의 유년시절부터의 오랜 행동으로 나타난다. 아이였을 때에 한 것과 똑같이 당신이 느끼거나 행동하고 있을 때, 당신은 Child의 자아상태에 있다고 한다.
Parent의 자아상태	Parent의 자아상태는 부모 등 외부 원천에서 흡수한 태도나 행동으로 성립되어 있다. 외부를 향해서는 타인에 대한 편견적, 비판적, 보호적 행동으로 나타난다. 자기 자신에 향해서는 마음속의 Child에 영향을 계속 주는 과거의 부모의 메시지로 느껴진다. 부모가 하고 있던 바대로 당신이 행동하고 생각하고 느끼고 있을 때 당신은 Parent의 자아상태에 있다고 한다.
Adult의 자아상태	Adult의 자아상태는 사람의 연령과는 관계가 없다. Adult는 오늘날의 현실이나 정보의 객관적인 수집을 지향하고 있다. 또한 Adult는 조직적이며 응용력이 있으며, 지적이며 또한 현실을 음미하고 가능성을 측정하며 감정에 좌우됨이 없이 계산함으로써 기능을 발휘한다. 당신이 지금 어떤 현실을 취급하고, 사실을 수집하며, 객관적, 분석적으로 판단하고 있을 때 당신은 Adult의 자아상태에 있다고 한다.

4) 교류패턴 분석(대화분석)

(1) 상보교류

① 자극이 지향하는 그 자아상태로부터 반응이 나오며, 자극을 보냈던 그 자아상태로 반응이 다시 보내어지는 교류이다.

② 평행적 교류이며 무갈등 교류라도 하며, 대화가 중단되지 않고, 계속될 수 있는 교류이다.

> 아내: "비가 올 것 같네요. 우산이 필요하겠어요."
> 남편: "그렇군. 비가 많이 내릴 것 같으니 우산이 꼭 필요하겠어."

(2) 교차교류

① 의사소통의 방향이 서로 어긋날 때, 즉 교차될 때 이루어지는 교류이다.

② 갈등교류라도 하며, 의사소통이 즉각 중단될 수 있는 교류이다.

> 대리: "과장님, 이번에 새로 오신 부장님은 정말 권위적이고 말이 안 통합니다."
> 과장: "상사에 대해서 그렇게 말하면 쓰나?"

(3) 이면교류

① 의사소통이 관계된 자아 중 겉으로 직접 나타나는 사회적 자아와 실제로 기능하는 심리적 자아가 서로 다른 교류이다.

② 두 가지 수준의 교류가 동시에 일어난다.

> 교수: "수업이 몇 시 시작이지?"(너 또 지각이구나.)
> 학생: "예 9시입니다."(죄송합니다.)

3. 스트로크

1) 스트로크

타인의 존재를 인정하기 위한 작용인 행위를 가르키는 것으로, 사람으로 하여금 존재를 확인하게 한다.

(1) 신체적 vs. 정신적 스트로크

젖먹이 아이를 끌어안거나, 볼을 비비는 것도, 목욕탕에 들어가 비누로 매끈매끈하게 닦아주는 것도, 신체에의 직접적인 스트로크로서, Skinship이라든가 Touch Stoke라고도 한다. 등에 업는 것도, 같이 곁잠을 자는 것도 이에 해당된다.

성장함에 따라 말에 의한 스트로킹이 많아진다. 어른의 경우에도 "야! 너 정말 오래간만이구나!"라고 하면서 악수를 하면, 신체적 · 정신적인 스트로크 욕구가 동시에 채워진다. 성인으로서 사회에 나가고 나면, 급료, 보너스, 금일봉, 표창장, 훈장 등이 정신적 스트로크가 되어 온다.

(2) 긍정적 vs. 부정적 스트로크

인간에게 기쁨과 희망을 주는 '긍정적 스트로크'와 상처와 좌절감을 주는 '부정적 스트로크'로 구분할 수 있다. 긍정적 스트로크가 없으면 부정적 스트로크라도 받는 것이 낫다고 본다. 예컨대, 죄소가 교도소에서 독방에 수감되는 것을 가장 두려워하는 이유는 인간의 스트로크가 단절되는 공포 때문이다.

(3) 조건부 vs. 무조건 스트로크

타인이 내게 준 만큼 돌려주는 것을 '조건적 스트로크'라 하고, 타인이 준 스트로크와 상관없이 넉넉하고 풍요롭게 돌려주는 것을 '무조건적 스트로크'라고 한다. "심부름해 줘 고마워", "왜 공부 안 하지", "안 되겠는걸!" 등은 조건부, 즉 특정의 행위에 대해 보내는 긍정적 또는 부정적인 정신적 스트로크가 된다.

2) 기본적 인생태도

어릴 때 부모와 주고받은 스트로크를 기초로 형성된 자기나 다른 사람 또는 세상에 기본적인 태도를 말한다. 기본적 인생태도는 어린 시절 성장과정에서 형성된 것이나, 우리가 긍정적으로 바꾸고자 한다면 자기 성찰과 노력에 의해 충분히 바꿀 수 있다. 이를 위해 여러 가지 방법으로 자기를 훈련시키면서 정신적으로 성장하는 것이 필요하다.

I'm not OK – You're not OK	• 성장하면서 스트로크가 결핍되었거나 극도로 부정적일 때 나타나며, 긍정적인 스트로크를 주는 사람이 없기 때문에 포기하고 희망을 잃게 되기도 한다.
I'm not OK – You're OK	• 타인의 도움 없이는 살아갈 수 없다고 좌절하기도 하고 자신은 무능하다고 생각한다. • 우울증, 죄의식, 부적절감, 공포감을 경험한다. • 다른 사람과 친밀한 관계를 맺기 어렵고 퇴행, 의기소침, 자살충동에 빠지기도 한다.
I'm OK – You're not OK	• 타인을 부족하고 가치 없는 사람으로 여긴다. • 타인을 불신하지만 기본태도는 다른 사람 위에 서고자 한다. • 부모에게 가졌던 긍정적 생각이 부정적 생각으로 바뀌었을 때 생기며, 부모에게 반항하고 세상에 대해 비난하고 불신하며, 좌절과 분노로 반응한다.
I'm OK – You're OK	• 합리적이고 객관적인 태도로 세상을 바라본다. • 대체로 자신과 타인에게 만족하며, 모든 느낌을 안식하고 표현하는 데 문제가 없다.

3) 감정계좌개설

인간관계와 고객응대를 향상하기 위한 방법으로 감정은행계좌를 개설하는 방법이 있다. 우리는 은행에 계좌를 열고, 이를 통해 예입을 하며, 또 필요할 때 인출할 수 있도록 잔고를 남긴다. 감정은행계좌는 고객응대에서 구축하는 신뢰의 정도를 은유적으로 표현한 것이며, 스트로크의 교환을 통해 감정잔고인 신뢰수준을 관리해야 할 것이다.

(1) 이해심과 역지사지

상대방을 진정으로 이해하기 위해 노력하는 것은 가장 중요한 예입 중에 하나이다. 상대방의 가치와 관점, 관심사를 이해하는 것은 대인관계에서 매우 중요하다. 세상의 많은 다툼은 자기 주장만을 내세우는 데서 비롯되기 때문에, 모두가 상대방과 처지를 바꾸어서 생각해 본다면 대부분의 오해는 사라질 것이며, 세상은 신뢰가 유지될 것이다. 역지사지(易地思之)의 '지(之)'라는 글자는 대명사로 쓰였는데, 유심히 보면 앞의 '지(地)'자와 뒤의 '지(之)'자가 다른 글자임을 알 수 있다.

또한 역(易)은 '역'으로 발음하면 '바꾼다'는 뜻이 되고, '이'로 발음하면 '쉽다'는 뜻을 갖게 된다.

(2) 사소한 관심

인간은 상처받기 쉽고 외로운 존재이기에 내면적으로 민감하다. 사소한 일에 대한 관심이야말로 상대방과 신뢰 쌓기에 중요하다고 하겠다

(3) 약속 이행

책임과 약속은 감정예입에 중요한 행위이며, 무책임과 약속의 불이행은 감정인출의 행위라 하겠다.

(4) 칭찬하기 & 감사하기

"칭찬은 고래도 춤추게 한다"고 한다. 상대방에 대한 칭찬과 사소한 것에 대한 감사의 표현은 상호호의적인 관계를 유지하게 된다. 불평, 부정, 불만이 많은 사람은 주변에 사람이 없다는 것을 보게 될 것이다.

(5) 언행일치

'표리부동(表裏不同)'한 인간, '표리부동(表裏不同)'한 행동 같은 표현에 대해 들어본 적이 있을 것이다. 리(裏)는 '속, 내부, 안'을 뜻하는 글자로 사물의 겉은 표면(表面), 안은 이면(裏面)이라 하여 겉과 안이 같지 않음을 뜻한다. 즉, 겉과 속이 다른 음흉한 품성을 말한다. 예를 들어, 현재 자리에 없는 사람에게 충실해보자. 그렇게 함으로써 바로 앞에 있는 사람의 신뢰를 얻게 된다. 만약 자리에 없는 사람의 험담과 공격은 현재 자리에 함께하는 사람과의 신뢰도 깨게 될 것이다.

(6) 진심 어린 사과

마음에서 우러나오는 사과는 돌아섰던 상대방의 마음을 움직이게 되어 감정은행계좌에 신뢰를 예입하게 된다. 형식적이거나, 진정성 없는 사과는 오히려 신뢰관계에 독이 될 수 있다. 진심 어린 사과야말로 용기이며 여유이다.

학습 및 토론과제

1. 인간관계의 촉진 상황과 발전 상황을 공유하고 요인에 대해 정리해 봅시다.

2. 상보교류와 교차교류, 이면교류 상황을 공유해 봅시다.

3. 팀원들과 최근 2주 동안의 경험을 공유해 봅시다.

스트로크	신체적	정신적	조건부	무조건
(존재인식)	(접촉등 직접적)	(말따위 간접적)	(행위와 태도에 대하여)	(존재와 인격에 대하여)
긍정적				
부정적				

참고문헌

김영신(2008). 고객만족론. 파주: 한국학술정보.

김준호(2002). 고객만족향상을 위한 서비스회복전략.

김현숙 외(2015). CS Leaders. 서울: 시대고시기획.

마이클 해머(2008). 리엔지니어링 기업혁명. 서울: 스마트비즈니스.

심윤정 외(2016). **서비스마인드와 글로벌매너**. 서울: 양성원.

이상민(2014). 고객만족경영실전바이블. 서울: 알에이치코리아.

이유재(2013). **서비스마케팅**. 서울: 학현사.

이정학(2009). **서비스마케팅**. 서울: 대왕사.

이화직(2000). **CRM이론과 사례**. 서울: 한국능률협회.

이훈영, 정기택, & 오경석(2008). 의료서비스 품질이 고객만족도에 미치는 영향에 관한 연구: 병원 부대시설의 서비스 효과를 중심으로. **서비스 마케팅저널**, 1(1), 109-125.

Cardozo.R(1965). Op.cit. p249

Goodman, J.(1999). Basic facts on customer complaint behavior and the impact of service on the bottom line. *Competitive Advantage, 9*(1), 1-5.

Kotler, P.(2000). *Marketing Management.* 10thed., New Jersey: Prentice-Hall.

Maister. David. H.(1995). "The Psychology of Waiting Lincs: In The ServiceEncounter Managing Employee Customer Interaction." *In Service Businesses.* John A. Czepiel. Michael R. Solomon. & Carol F. Suprenant.(eds). Lexington. MA: Lexington Books' 113-123.

META Group.(1999). META group urges "Ecosystem" Approach to customer relationshipmanagement.

Michael Hammer & James Chanpy(2008). **리엔지니어링 기업혁명**. 서울: 스마트비즈니스.

Miller, John A.(1977). "Studying Satisfaction, Modifying Models, Eliciting Expectations, Posing Problems, and Making Meaningful Measurements." *In Conceptualization and Measurement of Consumer Satisfaction and Dissatisfaction.*(Ed.), H. Keith Hunt, Bloomington: School of

Business, Indiana University, 72–91.

Oliver, R. L.(1997). *Satisfaction: A Behavioural Perspective on the Consumer*, New York: McGraw Hill.

Robert Johnston, Graham Clark, Michael Shulver(2008). **서비스운영관리**. 서울: 한경사.

http://blog.naver.com/PostView.nhn?blogId=laifislove&logNo=220347729414

http://media.daum.net/press/newsview?newsid=20070320112313814

http://www.munhwa.com/news/view.html?no=2016020301033811000002

http://www.weeple.net/weepleInt/column/selectColumnDetail.do?menu=WM05A1&areaId=USATX01002&pageIndex=1&artId=6993&cdColumn=CM0002&columnistId=54&searchType=&searchText=

http://100.daum.net/encyclopedia/view/55XXXXX21026

〈백과사전〉

다음용어 백과사전 “전사적 품질 경영”. 한국정보통신기술협회.

찾 아 보 기

❀ ㄱ

❀ ㄴ

❀ ㄷ

❀ ㄹ

❀ ㅁ

❀ ㅂ

❀ ㅅ

저/자/소/개

■ 박연희

숙명여자대학교 교육학 석사
현) 한양여자대학교 겸임교수
공감소통연구소 공동대표

■ 심윤정

경성대학교 호텔관광경영학 박사
현) 경성대학교 외래교수
한국서비스교육연구원 원장

■ 임성은

숭실대학교 경영학 박사
현) 극동대학교 중국항공운항서비스학과 조교수
커뮤니케이션 서비스 코리아 대표

■ 박희정

동아대학교 관광경영학 박사
현) 동아대학교 · 부산여자대학교 외래교수
글로벌서비스교육 대표

CS관리실무

1판 1쇄 인쇄 — 2017년 2월 20일
1판 1쇄 발행 — 2017년 2월 25일

저　　자 - 박연희 · 심윤정 · 임성은 · 박희정
발 행 인 - 강 철 원
발 행 처 - 양 성 원
주　　소 - 경기도 파주시 월롱산로 71
전　　화 - 031-946-3861(代)
팩　　스 - 031-946-3864
이 메 일 - tnwpub@naver.com
홈페이지 - tnwpub.co.kr
출판등록 - 2015년 8월 31일 제 2015-000211 호

ISBN 979-11-87118-99-2

정가 16,000원